Richard Filz

Body Percussion
Sounds and Rhythms

DVD inklusive | Das umfassende Trainingsprogramm

**Basics
Warm-Ups
Sounds**

**Grooves
Fills
Songs**

**Body
Percussion
Solo
Group**

**LEHR-
Programm
gemäß
§ 14
JuSchG**

Alfred

Impressum

Richard Filz MA

Musiker, Autor, Pädagoge

Geboren in Wr. Neustadt, Österreich.

Drumset und Latin Percussion Masterstudium an der Konservatorium Wien Privatuniversität bei Prof. Walter Grassmann und am „Drummers Collective" New York.

Konzerte und Tourneen mit: Threeo, Rick Margitza, Bob Berg, Joseph Bowie, Bob Mintzer, Kei Akagi, Erich Kleinschuster, Juci Janoska, Austrian Jazzorchester, Sigi Finkel, Richard Graf, Macheiner/Barnert/Filz, Viktor Gernot, Uwe Kröger, Mischa Krausz, Christina Zurbrügg, Albert Kreuzer & Rubberfinger ...

Mitwirkung bei 80 CD-Produktionen

Auftritte bei Jazzfestivals in: Jakarta, Montreal, Warschau, Leverkusen, Getxo, Wiesen, ...

Publikationen: „Rhythm, Sound & Colour" für Percussion-Ensemble (Peer Musikverlag, 1998), World Music „Cuba" (UE, 2000), „Vocal Percussion 1-3" (UE, 2002), „Groove Karaoke" (UE, 2003), „Rhythm Coach Level 1 + 2" (UE, 2004/2007), „Rap, Rhythm & Rhyme – Vocal Percussion in der Klasse" (UE, 2006), "Rhyth: MIX 1 + 2" (Helbling, 2008/2009), "Rhythmus für Kids 1+2" (UE, 2008/2010), Lehr – DVD "Vocal Percussion Basics" (UE, 2009), „Rhythm Voices" (UE, 2009), „Magic Groove Box – die Cajon in Spielgruppe und Klasse" (Helbling, 2010)

Veröffentlichungen in Schlagzeug-Fachzeitschriften (Drum Heads) und in Musikpädagogik-Journalen (mip-journal, Pa-Mina, Klasse Musik, üben und musizieren).

Leiter und Initiator der Ensembles „Die Dorftrommler", „Rhythm Xing" und „Richard Filz & Acoustic Instinct".

Lehrtätigkeit am Landeskonservatorium Eisenstadt (Österreich) in den Bereichen Schlagzeug, Percussion Ensemble, Jazz Rhythmik, Didaktik und Lehrpraxis. Lehraufträge an den Musikuniversitäten Wien, Graz und Salzburg. Internationale Dozententätigkeit.

Preise und Auszeichnungen: Gewinner des österreichischen Musikschulförderpreises (1998), Preisträger des Jeunesse Ideenwettbewerbes „Find it" (2000), Kulturpreisträger des Landes Niederösterreich (2003), Kulturpreisträger der Stadt Wiener Neustadt (2006). VDS – Medienpreis (2008/2010).

Weitere Informationen: www.filz.at

 Autor und Verlag bestätigen, dass das vorliegende Buch sorgfältig erarbeitet und einer mehrmaligen, gewissenhaften Kontrolle unterzogen worden ist. Sollten Sie dennoch einen Fehler entdecken, würden wir uns über eine kurze Nachricht freuen.

 **Alfred** Music Publishing
LEARN • TEACH • PLAY

© 2011 by **Alfred** Music Publishing GmbH
info@alfredverlag.de
alfredverlag.de

Alle Rechte vorbehalten!
Printed in Germany

Covergestaltung: Thomas Petzold, Richard Filz
Notensatz: Thomas Petzold
Produktionsleitung: Thomas Petzold
Art.-Nr.: 20158G (Buch / DVD)
ISBN 10: 3-933136-87-3
ISBN 13: 978-3-933136-87-9

DVD-Produktion: Effective Studios, Wien
Kamera: Herbert Schlosser, Brigitte Schlosser, Harry Pinter
Regie: Harry Pinter, Richard Filz
Schnitt: Herbert Schlosser
Regieassistent: Christian Grosskopf
Musiker:
Vocals: Juci Janoska
Gitarre: Gerald Gradwohl, Michael Fink
Body Percussion: Richard Filz
Special thanks: Joseph Haydn Konservatorium Eisenstadt, Walter Burian
Fotos: Fritz Holoubek (außer S. 45 und S. 81)

Vorwort

Dieses Buch richtet sich an alle, die ihren Körper als universelles Rhythmusinstrument entdecken möchten, sich für das Thema *Body Percussion* interessieren oder davon schon begeistert sind und nach einem klaren, aufbauenden Konzept, vielen Anregungen, Ideen und einer Sammlung von Rhythmen und Stücken suchen. Es zeigt die vielfältigen Klangmöglichkeiten, die unser Körper bereit hält, die Rhythmusvielfalt, die sich mit den Körperklängen umsetzen lässt und die musikalische Anwendung bei der Begleitung von Songs und im Solospiel.

„Body Percussion • Sounds and Rhythms" ist für Einsteiger, Trommelbegeisterte mit etwas Spielerfahrung und Profis gleichermaßen geeignet. Die Inhalte: *Basics*, *Warm-Ups*, *Grooves & Styles*, *Body Percussion-Solo und -Group* folgen einem klaren Aufbau und sind in übersichtlichen Kapiteln zusammengefasst. Immer wieder sind Übungen, Rhythmen und Stücke mit unterschiedlichen Schwierigkeitsgraden zu finden, sodass individuelle Schwerpunkte gesetzt werden können, und die Materialauswahl an die eigenen Bedürfnissen und Fähigkeiten angepasst werden kann. Die beigelegte umfangreiche DVD unterstützt dabei von Anfang an! Gratisdownloads auf **www.filz.at** runden das Gesamtpaket ab. Auf dieser Website erhalten Sie auch Rat, sollten einmal Fragen auftauchen. Außerdem erhalten Sie Informationen über Workshop- und Fortbildungsangebote.

Bei keinem Instrument kann man Rhythmus unmittelbarer erleben und im wahrsten Sinne am ganzen Körper spüren. Man hat sein „Instrument" immer dabei und kann jederzeit loslegen. Ob Patschen, Klatschen, Schnipsen, Reiben oder Stampfen: die Bewegungen machen Spaß, halten den Körper fit, fördern das Zusammenspiel der Gehirnhälften und verbessern die rhythmisch, koordinativen Fähigkeiten. *Body Percussion* ist perfektes, ganzkörperliches Rhythmustraining, das für weitere Rhythmus- und Trommelaktivitäten vorbereitet.

Überraschender ist die Tatsache, wie gut sich der Körper als Musikinstrument eignet. Die vergleichsweise leisen Klänge mischen sich wunderbar mit akustischen Instrumenten und Gesang. Beispiele und Performances meines Trios finden Sie auf der beiliegenden DVD.

Anwendungspotenzial haben die Rhythmen auch im Chorbereich. Chorleiter finden zu jedem Stil passende Rhythmen und können bald eigene Begleitungen gestalten.

Body Percussion zählt wohl auch zu den geeignetsten „Instrumenten" für das Gruppen- und Klassenmusizieren. Tipps, wie Musiklehrer, Musikschullehrer, Workshopleiter und Leiter von Percussion- und Rhythmusgruppen das Material anwenden können finden sich im *Kapitel 5*.

Frei nach dem Motto: „*Wenn sie schon einen Körper haben, dann betrommeln Sie ihn auch!*" wünsche ich Ihnen viel Freude, Spaß und Erfolg mit dem umfangreichen Material, viele eigene Ideen und den unbändigen Wunsch sofort loszulegen!

Richard Filz

Inhalt

Vorwort 3
Inhalt 4
Body Percussion Sounds im Überblick 6

Kapitel 1: Basics 8
    Spielposition 8
    Handhaltung 9
1. Body Sounds 9
    Oberkörperpatschen 9
    Hüftpatschen 10
    Oberschenkelpatschen 10
    Wangenpatschen 11
    Body Sounds Übungen 11
        Hand-to-hand: Viertel, Achtel und Pausen 12
        Hand-to-hand: Viertel, Achtel, Sechzehntel und Pausen 13
        Hand-to-hand: Viertel, Achtel, Sechzehntel, Punktierte und Pausen 14
        Hand-to-hand: Viertel, Achteltriolen und Pausen 15
        Hand-to-hand: Notenwertpyramide 16
        Verschiedene Handsätze 17
        Flams 18
        Rolls 19
2. Clap Sounds 20
    Flachhandklatschen 20
    Fingerklatschen 20
    Hohlhandklatschen 21
    Rückhandklatschen 21
    Pendelklatschen 21
    Clap Sounds Übungen 22
3. Snap Sounds 24
    Mittelfingerschnipsen 24
    Ringfingerschnipsen 24
    Snap Sounds Übungen 25
4. Rub Sounds 26
    Händereiben horizontal 26
    Händereiben vertikal 26
    Händereiben „Pendel" 27
    Oberkörper- / Oberschenkelreiben 27
    Rub Sounds Übungen 28
5. Stomp Sounds 30
    Stampfen 30
    Stomp Sounds Übungen 31
6. Special Sounds 32
    Zungenschnalzen 32
    Zungenschnalz Übungen 32

Kapitel 2: Warm-Ups 33
    Dehnübungen 33
    1. Hand-to-hand: Oberkörper und Oberschenkel 34
        Crossing Hands 35
    2. Dynamik 36
    3. Mixed Sounds 37

Inhalt

    Body & Snap Sounds 37
    Body & Clap Sounds (Pendelklatschen) 38
    Body & Rub Sounds 39
    Snap & Rub Sounds 40
    Body & Stomp Sounds 41
  4. Basic Independence 42
    Ostinati 42
    Achtel-Workout 43

Kapitel 3: Grooves & Styles 44
  Das Drumset 45
  1. Rock 46
    Songbegleitung „Get Ready" 53
  2. Rock mit Sechzehntel 54
    Songbegleitung „Monday Morning" 58
  3. Blues Rock 60
    Songbegleitung „Home Where You Belong" 62
  4. Shuffle 63
    Songbegleitung „Catch Me If You Can" 66
  5. R'n'B / Hip Hop 68
    Songbegleitung „20 Days" 71
  6. Funk 72
    Handrückenreiben 72
    Unterarmpatschen 73
    Songbegleitung „Funky Music" 78
  7. Samba 80
    Percussioninstrumente 81
    Samba Warm-Ups 82
    Händereiben mit Akzenten 83
    Songbegleitung „Samba '11" 90
  8. Baião 92
    Baião Warm-Ups 92
    Mundtrommeln 96
    Songbegleitung „Baião para ti" 98

Kapitel 4: Body Percussion Solos 100
  „Rock Steady" 102
  „Bodydrum" 103
  „Click Track" 104
  „Bodytalk" 106
  „Hot Stuff" 108
  „Bodydance" 110
    Handrückenklatschen 110
    Die Up-Down Technik 110

Kapitel 5: Body Percussion Group 114
  Tipps für die Arbeit mit Gruppen 114
  Body Percussion-Ensemblestücke 120
    Mundklatschen 121
    Sternklatschen 121
    „Rock 4" 122
    „Get Funky!" 126
    „The Brazilian Job" 132

Body Percussion

1. Body Sounds

Oberkörperpatschen
>> S. 9

Hüftpatschen
>> S. 10

Oberschenkelpatschen (linker Oberschenkel)
>> S. 10

Oberschenkelpatschen (rechter Oberschenkel)
>> S. 10

Unterarmpatschen
>> S. 73

Wangenpatschen
>> S. 11

Mundtrommeln
>> S. 96

2. Clap Sounds

Flachhandklatschen
>> S. 20

Fingerklatschen
>> S. 20

Hohlhandklatschen
>> S. 21

Rückhandklatschen
>> S. 21

Handrückenklatschen
>> S. 110

Pendelklatschen
>> S. 21

Sternklatschen
>> S. 121

Body Percussion · Sounds & Rhythms

Alfred Music Publishing
LEARN · TEACH · PLAY

Sounds im Überblick

Basics

Here we go! Los geht es mit dem Kennenlernen der wichtigsten Body Percussion-Sounds und -Spieltechniken. Schritt für Schritt wird ein Vokabular entwickelt, das in den folgenden Kapiteln musikalische Anwendung findet. Jeder Klang wird detailliert beschrieben. Fotos und umfangreiches Videomaterial auf der beiliegenden DVD unterstützen bei der Erarbeitung.

Wichtig ist, dass von Beginn an locker und ohne Anstrengung gespielt wird. Die Qualität und Lautstärke der Klänge entwickelt sich durch kontinuierliches Üben und braucht Geduld und Ausdauer! Anfangs sollte allerdings nicht zu lange geübt werden. Hände, Arme, Schultern und Beine müssen sich erst langsam an die Bewegungen gewöhnen. Kleine, regelmäßige Übungseinheiten sind effizienter als lange und unregelmäßige.

Bei jeder Übung ist ein Einstiegstempo vorgeschlagen. Das ist nur ein Richtwert, der den eigenen Bedürfnissen und Fähigkeiten angepasst werden soll.

Geschwindigkeit spielt anfangs keine Rolle, viel wichtiger sind die genaue Ausführung der Bewegungen, die Ausgewogenheit zwischen rechter und linker Hand und möglichst effiziente Übergänge zwischen den Klängen.

Spielposition

Body Percussion kann in fast jeder erdenklichen Position gespielt werden. Am häufigsten wird im Stehen oder Sitzen gespielt. Für längere Übungssessions empfiehlt sich die sitzende Variante. Am besten sitzt man auf der vorderen Stuhlkante.

Der Rücken soll aufrecht und gerade sein. Nacken und Schultern sind entspannt und die Arme hängen locker nach unten.

Nicht ganz unproblematisch ist die stehende Variante. Werden die Füße mit einbezogen, muss das Gewicht ständig von einem Bein auf das andere verlagert werden. Mehr dazu bei den Stomp Sounds *Seite 30ff.*

Sitzen auf der vorderen Stuhlkante.

Den Rücken aufrecht und gerade halten.

1. Body Sounds

Kapitel 1 >> Basics

Durch das Patschen bzw. Trommeln auf verschiedene Körperteile entstehen die Body Sounds. Theoretisch kann man unendlich viele Body Sounds erzeugen. Wir beschränken uns auf Klänge, die sich räumlich und klanglich gut voneinander unterscheiden: Oberkörper, Hüften, Oberschenkel, Wangen bzw. Unterarme (S. 73) und Mund (S. 96).

Handhaltung

Wichtig ist bei allen Patsch-Klängen eine entspannte Handhaltung. Dabei landet die ganze Handfläche auf der entsprechenden Klangzone und bleibt kurz liegen bzw. hebt bei einer schnelleren Schlagfolge gleich wieder ab. Der Schwung kommt aus dem Arm und dem Handgelenk.

Phase 1

Phase 2

Phase 3

Phase 4

📀 Oberkörperpatschen

Mit der flachen, ganzen Hand wird locker auf den Brustmuskel geschlagen. Ein möglichst tiefer und dumpfer Klang entsteht.

Bei einzelnen Klängen spielt man am besten mit der rechten Hand auf dem linken Brustmuskel und umgekehrt. Bei schnelleren Schlagfolgen bleibt jede Hand auf „ihrer" Seite.

Einzelklänge werden „überkreuz" gespielt.

Bei schnellen Schlagfolgen bleibt jede Hand auf „ihrer" Seite.

Body Percussion • Sounds & Rhythms

1. Body Sounds

DVD Hüftpatschen

Beim Hüftpatschen fällt die flache Hand locker auf die Hüftknochen. Dabei entsteht ein dumpfer Klang, der in erster Linie als leiser Zwischenklang gespielt wird.

Die flache Hand fällt locker auf die Hüftknochen.

DVD Oberschenkelpatschen

Das Oberschenkelpatschen soll möglichst hell klingen und sich deutlich vom Oberkörperpatschen unterscheiden. Mit der lockeren flachen Hand wird auf die Mitte der Oberschenkel gespielt.

Rechter Oberschenkel **Linker Oberschenkel**

Rechte Hand auf rechten Oberschenkel

Linke Hand auf linken Oberschenkel

Kapitel 1 >> Basics

DVD Wangenpatschen

Ein schöner Effekt lässt sich durch das Trommeln auf die Wangen erzielen. Mit der gestreckten Vorderhand wird (nicht zu fest!) auf die Wangen geschlagen. Dabei treffen in erster Linie Zeige-, Mittel- und Ringfinger auf. Durch die Verformung des Mundes kann die Tonhöhe variiert werden. Kleine Mundöffnung ist gleich tiefer Klang, große Mundöffnung ist gleich hoher Klang. Mit der rechten Hand wird auf der rechten Wange und mit der linken Hand auf der linken Wange gespielt.

Hoher Klang   **Tiefer Klang**

Große Mundöffnung   *Kleine Mundöffnung*

Body Sounds Übungen

Die ersten Übungen machen mit den Basis-Trommeltechniken bekannt und ermöglichen auch dem trommelunerfahrenen Anwender einen einfachen Einstieg. Das „Hand-to-hand"–Trommeln, Kennenlernen von Notenwerten, Pausen und Handsätzen stehen im Mittelpunkt. Die Handsätze wurden für Rechtshänder notiert. Linkshänder spielen einfach umgekehrt oder versuchen, ebenfalls mit der rechten Hand zu beginnen. Das stärkt langfristig die schwächere Hand (Rechtshänder sollten auch versuchen, die Übungen mit der linken Hand zu beginnen!).

Übetipps!

- *Die Takte einzeln, später aneinandergereiht spielen.*
- *Einstiegstempo **70 bpm**, allmählich das Tempo steigern.*
  Achtung: beim Lernen neuer Rhythmen und Techniken ist eine klare, präzise Ausführung wichtiger als Hochgeschwindigkeit!
- *Mit Metronom oder Musikbegleitung üben!*
- *Die Übungen auf verschiedenen Body Sounds wiederholen.*

1. Body Sounds

Hand-to-hand: Viertel, Achtel und Pausen

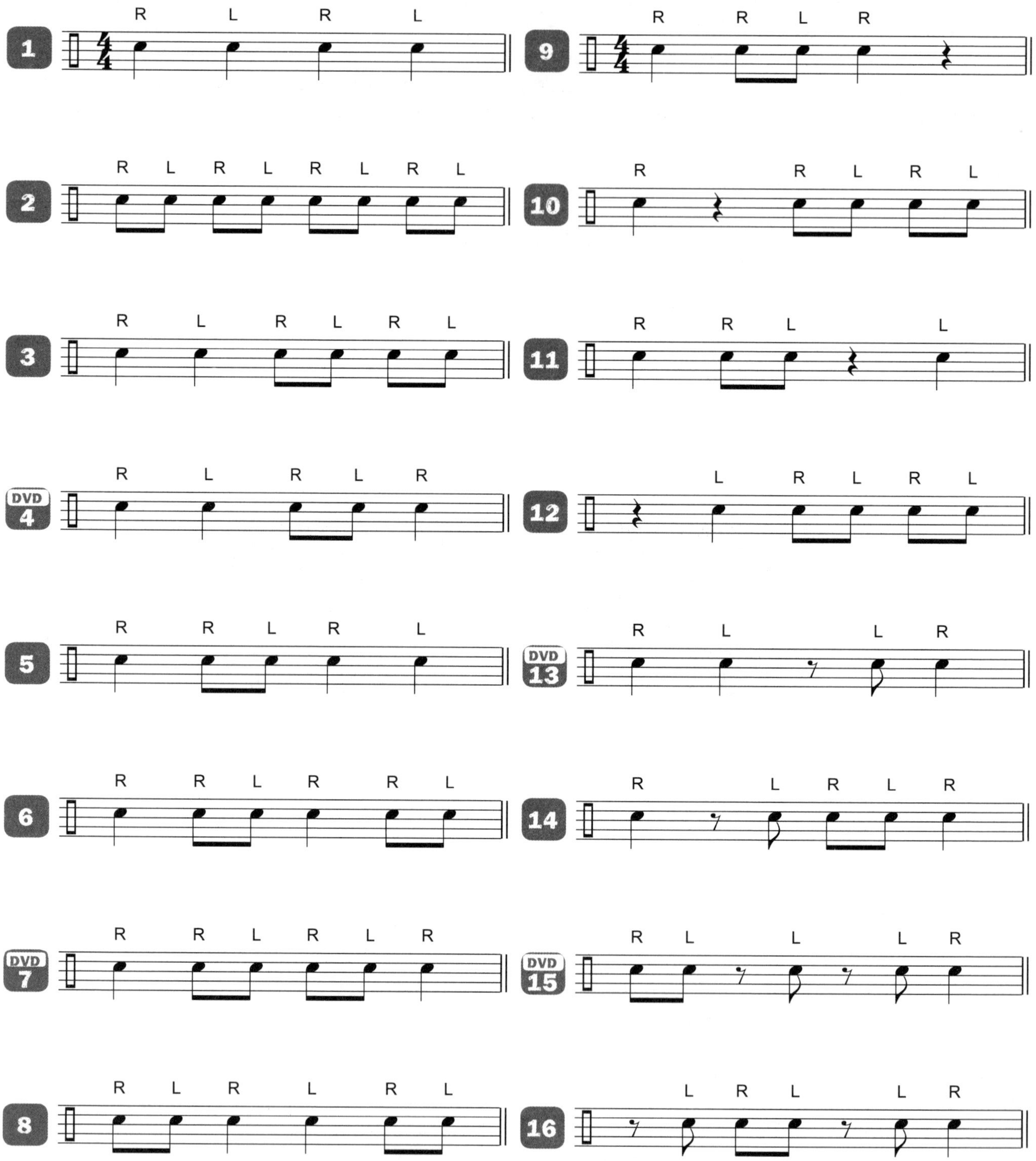

Kapitel 1 >> Basics

Hand-to-hand: Viertel, Achtel, Sechzehntel und Pausen

1. Body Sounds

Hand-to-hand: Viertel, Achtel, Sechzehntel, Punktierte und Pausen

Kapitel 1 >> Basics

Hand-to-hand: Viertel, Achteltriolen und Pausen

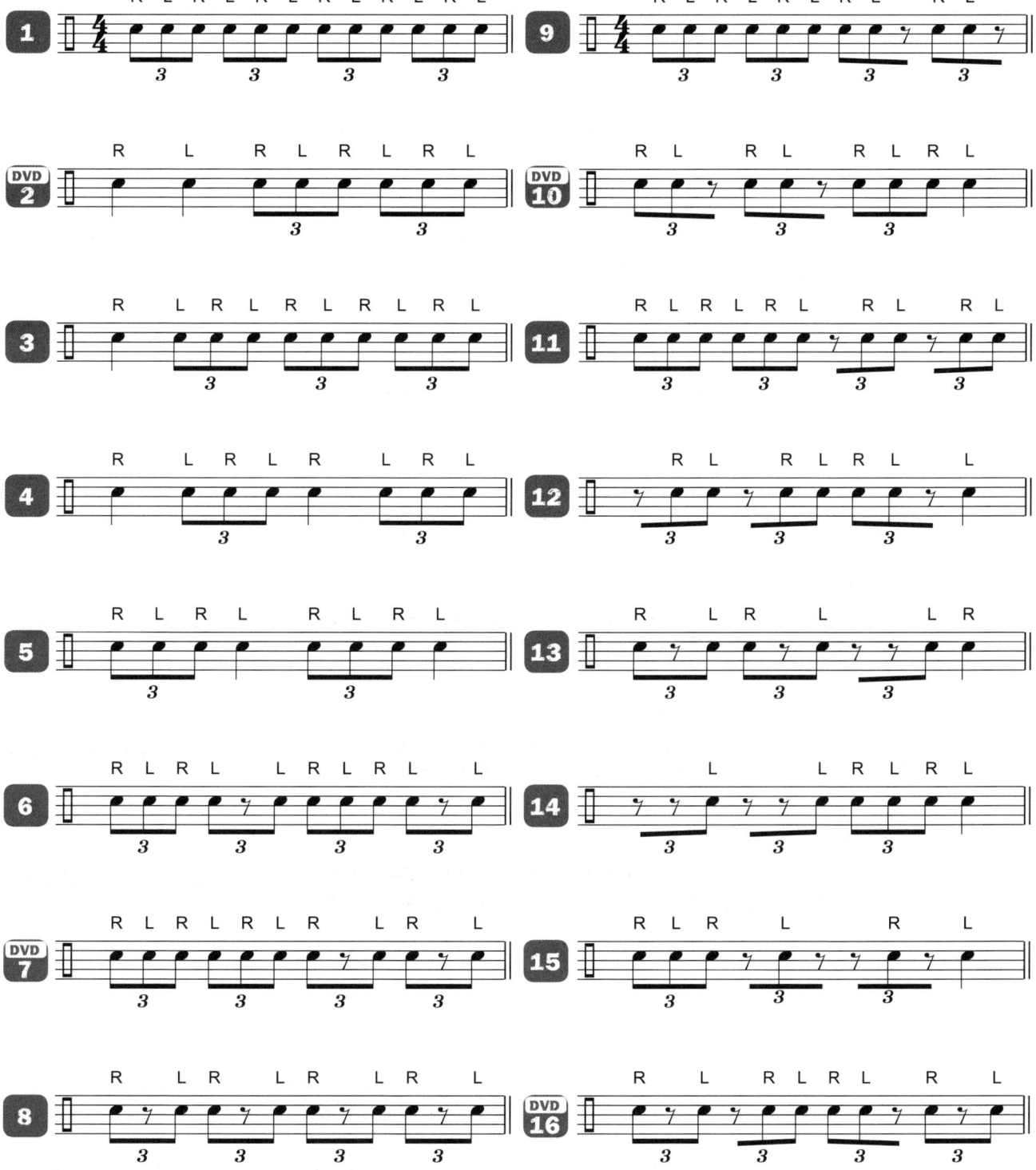

1. Body Sounds

Hand-to-hand: Notenwertpyramide

1. Ganze Note

2. Halbe Noten

3. (DVD) Viertelnoten

4. (DVD) Achtelnoten

5. (DVD) Achteltriolen

6. (DVD) Sechzehntelnoten

7. (DVD) Sechzehnteltriolen

8. (DVD) Zweiunddreißigstel

Übetipps!

- Die Takte einzeln, später aneinandergereiht spielen (nach 4, 2 oder einem Takt zum nächsten wechseln).
- Die Takte beliebig kombinieren.
- Einstiegstempo **50 bpm**, allmählich das Tempo steigern.
- Mit Metronom üben!
- Die Übungen auf verschiedenen Body Sounds wiederholen.

Kapitel 1 >> Basics

Verschiedene Handsätze

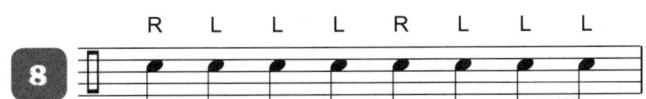

Übetipps!

- *Die Takte einzeln spielen.*
- *Einstiegstempo **60 bpm**, allmählich das Tempo steigern.*
- *Mit Metronom oder Musikbegleitung üben!*
- *Die Übungen auf verschiedenen Body Sounds wiederholen.*

1. Body Sounds

Flams

Flams – „einfache Vorschläge" – bestehen aus einer Vorschlagnote und einer Hauptnote. Die richtige Ausgangsposition hilft bei der Ausführung:
Die (leisere) Vorschlaghand beginnt ca. 5 cm und die Hauptschlaghand ca. 25 cm über der Schlagfläche. Beide Hände bewegen sich gleichzeitig in Richtung Schlagfläche. Die Vorschlaghand trifft kurz vor der Hauptschlaghand auf. Wichtig ist dabei, dass die Hauptnote genau im Tempo gespielt wird!

Übetipps!

- Die Takte einzeln spielen.
- Einstiegstempo **45 bpm**, allmählich das Tempo steigern.
- Die Übungen auf verschiedenen Body Sounds (Vorschlag- und Hauptschlagnote auf unterschiedlichen Body Sounds) wiederholen.

Ausgangsposition (Vorderansicht)

Ausgangsposition (Seitenansicht)

Kapitel 1 >> Basics

Rolls

Beim **Wirbel** – dem sogenannten „Roll" – wird möglichst schnell rechts – links abwechselnd getrommelt. Dieser Wirbel wird in der Trommlersprache **Single Stroke Roll** genannt. Dabei wird in erster Linie aus dem Handgelenk getrommelt. Die richtige Geschwindigkeit stellt sich erst nach einer gewissen Übungszeit ein. Hier heißt es auch wieder, geduldig und ausdauernd zu üben.

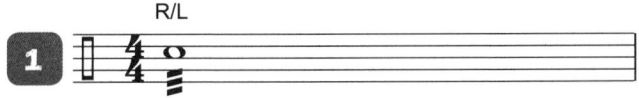

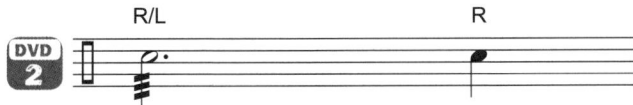

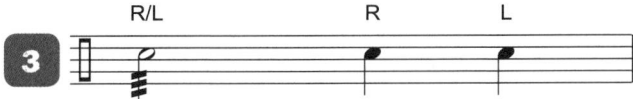

Aus dem Handgelenk spielen

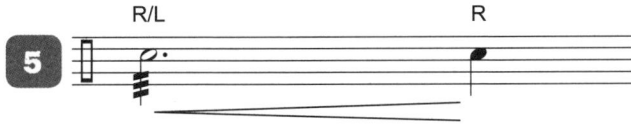

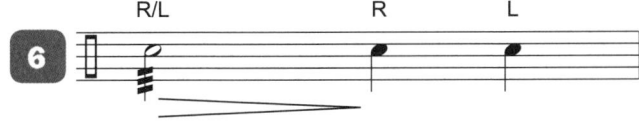

Übetipps!

- Mit „Steigerungsläufen" im freien Tempo beginnen. Eventuell auf einer härteren Oberfläche z.B. einem Tisch trainieren.
- Die Takte einzeln spielen. Da sich die Hände (meistens) nicht in einem bestimmten Rhythmusraster bewegen, kann der Fuß mit dem Viertelpuls unterstützen.
- Einstiegstempo **60 bpm**, allmählich das Tempo steigern.
- Mit Metronom üben!
- Die Übungen auf verschiedenen Body-Sounds wiederholen.

2. Clap Sounds

Clap Sounds sind die höchsten und schärfsten Klänge, die ein Body Percussionist zur Verfügung hat. Es gibt eine Vielzahl an Klatschklängen und viele verschiedene Möglichkeiten zu klatschen.

Flachhandklatschen

Die Finger der Schlaghand werden locker gestreckt in den Handteller der anderen Hand geschlagen. Ein heller Clap Sound entsteht. Die Schlaghand ist in der Regel oben. Ungewohnt ist das Klatschen mit der schwächeren Hand, das anfangs trainiert werden muss.

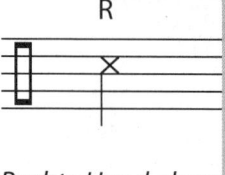
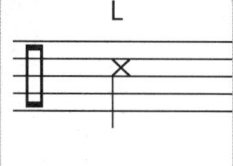

Rechte Hand oben   Linke Hand oben

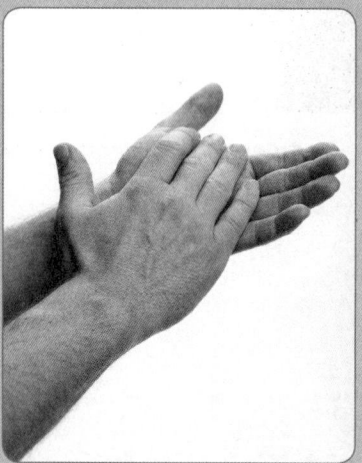

Rechte Hand oben

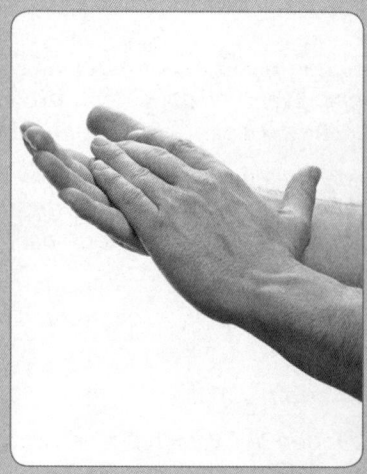

Linke Hand oben

Fingerklatschen

Einen hohen Clap Sound erhält man, wenn mit den gestreckten Fingern (alle außer Daumen) der Schlaghand auf die gestreckten Finger der anderen Hand geschlagen wird. Beide Hände sollten dabei gespannt sein. Dieser Klang kann immer alternativ zum Flachhandklatschen gespielt werden.

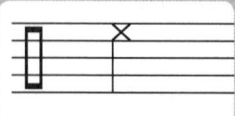

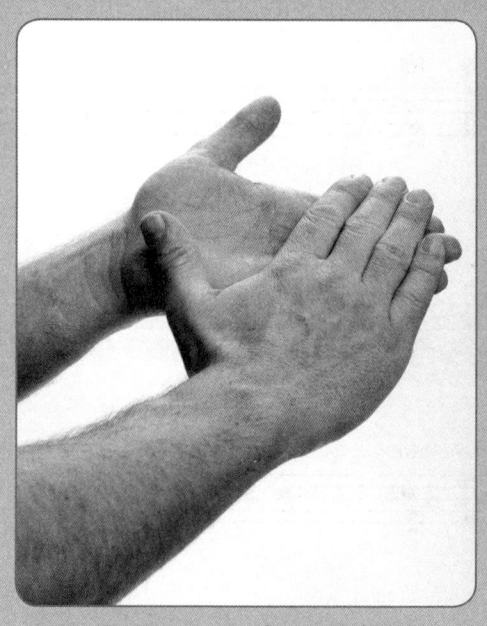

Die Finger sind gestreckt.

Kapitel 1 >> Basics

📀 Hohlhandklatschen

Mit beiden Händen wird je eine Schale gebildet. Beide Schalen werden aneinander geschlagen. Ein tiefer Clap Sound entsteht. Dieser Klang kann ebenfalls alternativ zum Flachhandklatschen gespielt werden.

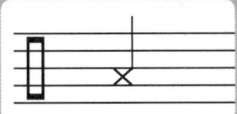

Beide Hände bilden je eine Schale.

📀 Rückhandklatschen

Der Handrücken einer Hand wird auf die Handfläche der anderen Hand geschlagen. Dabei entsteht ein hoher, scharfer Clap-Sound.

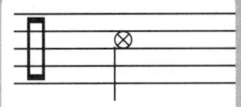

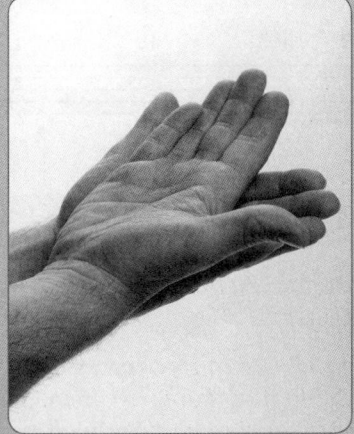

Lege den Handrücken in die Handfläche der anderen Hand

📀 Pendelklatschen

Einen Spezialfall stellt das Pendelklatschen dar. Während bei den anderen Clap Sounds in erster Linie die stärkere Hand schlägt, wird bei dieser Technik rechts – links abwechselnd gespielt. Das ermöglicht schnellere Klatschrhythmen. Beide Hände werden vertikal vor dem Oberkörper positioniert. Mit den Fingern der rechten Vorderhand wird auf den Handteller der linken Hand und umgekehrt geklatscht. Die Hände führen dabei eine Pendelbewegung aus.

R 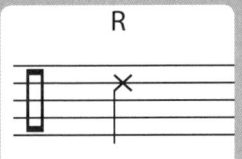   L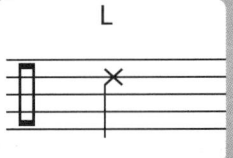

Die Rechts – Links Pendelbewegung

Body Percussion • Sounds & Rhythms   21

2. Clap Sounds

Clap Sounds Übungen

Übetipps!

- Die Takte einzeln und aneinandergereiht trainieren.
- Mit Metronom oder Musikbegleitung üben!
- Die Übungen 1 – 12 mit der rechten UND linken Hand wiederholen! Wichtig ist dabei, dass sich die Klänge gut voneinander unterscheiden.

- Einstiegstempo **70 bpm**, allmählich das Tempo steigern.
- Bei Übung 13 – 16 muss berücksichtigt werden, dass die Schlaghand oben ist. Beim Schlaghandwechsel müssen die Hände schnell gedreht werden.

Pendelklatschen

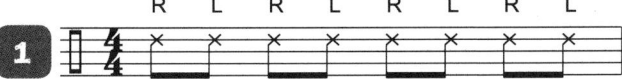

Pendelklatschen

3. Snap Sounds

Snap Sounds spielen bei den in Kapitel 3 folgenden Rhythmen eine wichtige Rolle. In erster Linie wird mit Mittel- und Ringfinger geschnipst. Kommen beide Finger zum Einsatz, helfen Ziffern bei der Unterscheidung:

Mittelfinger	=	3
Ringfinger	=	4

DVD Mittelfingerschnipsen

Zuerst werden Mittelfinger und Daumen fest zusammengepresst. Die Spannung wird schlagartig gelöst, so dass der Mittelfinger gegen den Handballen trifft.

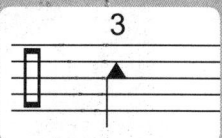

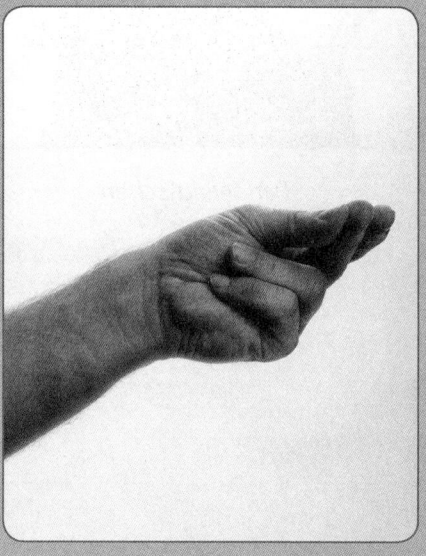

Mittelfinger und Daumen zusammenpressen

Spannung lösen

DVD Ringfingerschnipsen

Ähnlich dem Mittelfingerschnipsen wird nun der Klang mit dem Ringfinger erzeugt. Das ist etwas schwieriger und bedarf einiger Übung.

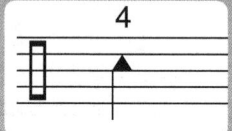

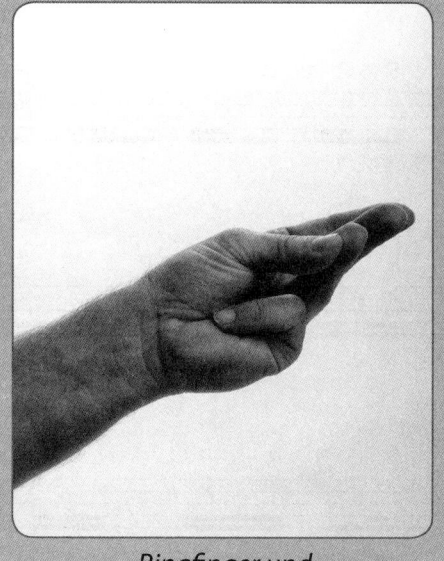

Ringfinger und Daumen zusammenpressen

Kapitel 1 >> Basics

Snap Sounds Übungen

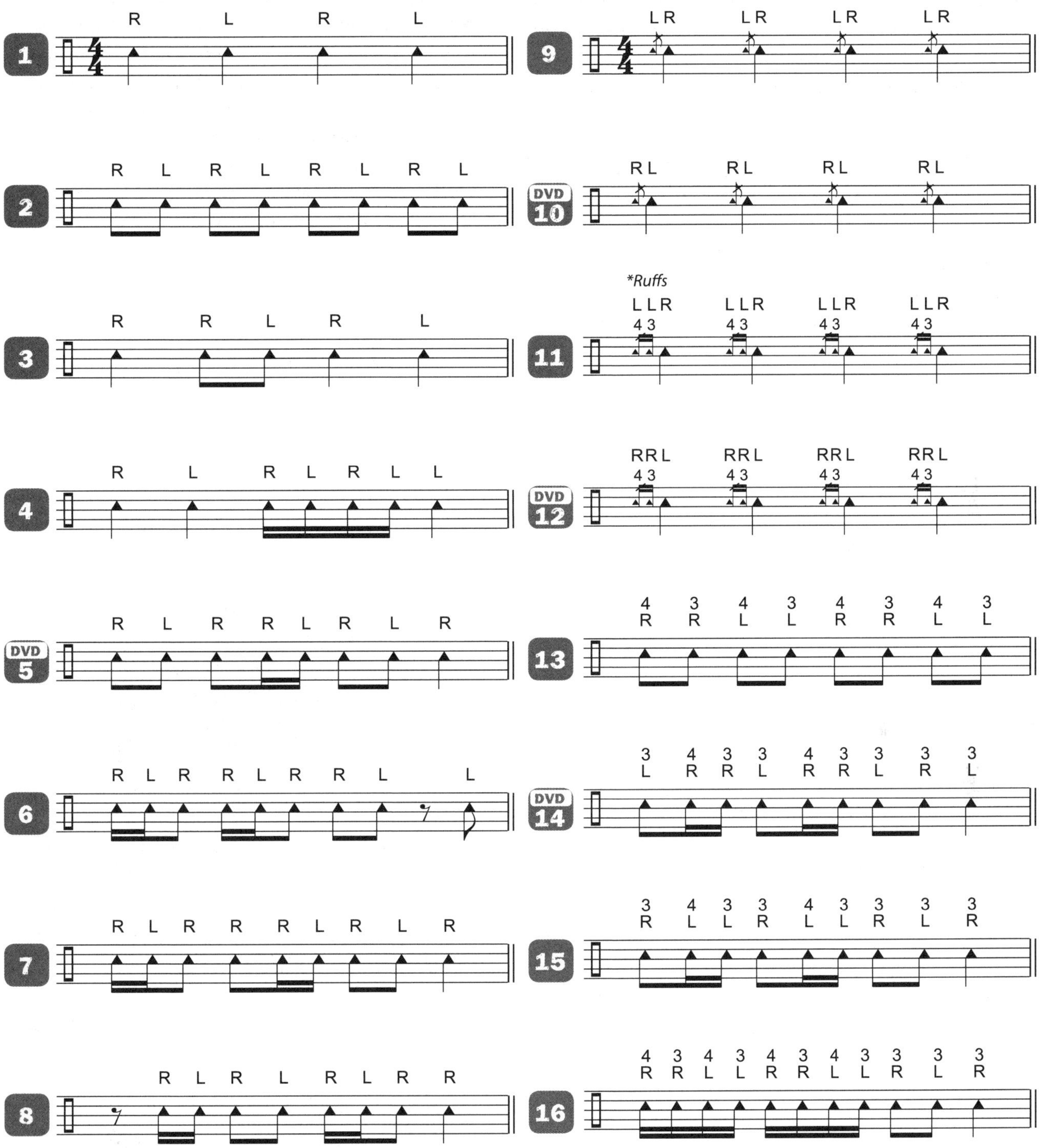

(Notenbeispiele 1–16 mit Stickings R/L und Rhythmusnotation)

*Ruffs sind doppelte Vorschläge. Die zwei Vorschlagnoten werden kurz vor der Hauptschlagnote gespielt. Die Hauptschlagnote muss genau im Tempo gespielt werden (vgl. Flams S. 18)

Übetipps!

- Die Takte einzeln, später aneinandergereiht üben.
- Einstiegstempo **70 bpm**, allmählich das Tempo steigern.
- Mit Metronom oder Musikbegleitung spielen!
- Wichtig ist dabei, dass die Snap-Sounds der rechten und linken Hand gleich klingen.

Body Percussion • Sounds & Rhythms

4. Rub Sounds

Rub Sounds entstehen durch das Reiben der gestreckten, flachen Hände aneinander oder durch das Reiben einer Hand an Oberkörper oder Oberschenkel. Diese Klänge sind leiser und feiner, sollen aber ebenfalls mit der richtigen Portion Energie gespielt werden. Rub-Sounds ermöglichen dem Body Percussionisten, gehaltene Klänge zu erzeugen.

Händereiben horizontal

Beim „Händereiben horizontal" ist in erster Linie die stärkere Hand aktiv. Sie reibt an der schwächeren Hand, die eine horizontale Reibefläche bildet. Die „Reibehand" führt dabei eine Bewegung vom Körper und wieder zurück zum Körper aus.

Weg vom Körper

Zum Körper hin

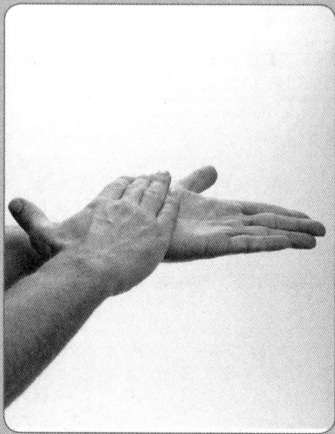
Händereiben weg vom Körper

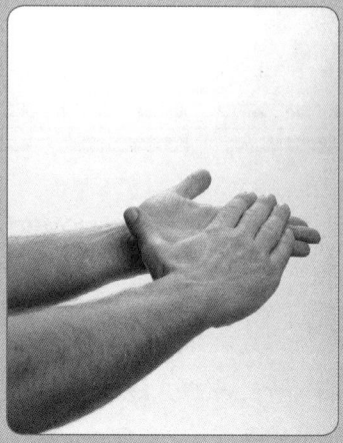
Händereiben zum Körper hin

Händereiben vertikal

Ähnlich dem Pendelklatschen werden die Hände vertikal vor dem Körper positioniert. Im Gegensatz zum „Händereiben horizontal" sind nun beide Hände aktiv. Während die rechte Hand eine Bewegung vom Körper weg ausführt, führt die linke Hand eine Bewegung zum Körper hin aus und umgekehrt, dabei treffen sich die Hände auf halbem Weg und reiben aneinander. Beide Hände führen eine Reibebewegung weg vom Körper aus!

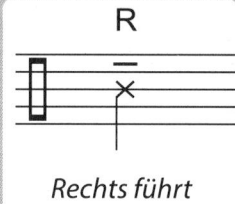
Rechts führt

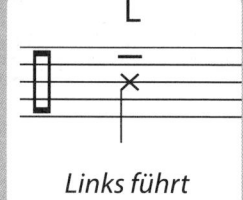
Links führt

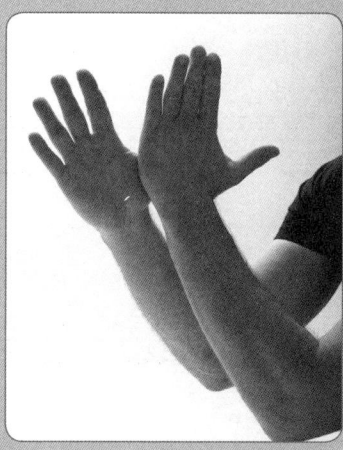
Rechte Hand führt.

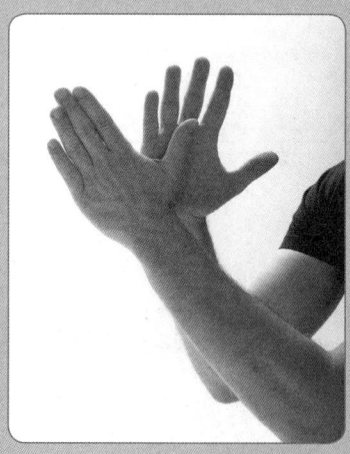
Linke Hand führt.

Kapitel 1 >> Basics

📀 Händereiben „Pendel"

Die vor dem Körper vertikal positionierten Hände reiben von links nach rechts und umgekehrt aneinander. Dabei sind immer beide Hände aktiv. Reibt die rechte Hand an der linken Handfläche, bewegen sich beide Hände nach links, bis der Ausgangspunkt für die Gegenbewegung erreicht ist. Die rechte Hand führt immer eine Reibebewegung nach links (aus der Sicht des Spielers) und die linke Hand nach rechts aus.

Rechte Hand

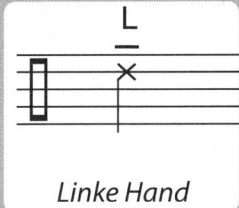
Linke Hand

Rechte Hand (Ausgangsposition)

Linke Hand (Ausgangsposition)

Oberkörper-/Oberschenkelreiben

📀 Mit der flachen Hand wird an Oberkörper bzw. Oberschenkel gerieben:

am **Oberkörper** von oben nach unten oder umgekehrt.

Oberkörperreiben

Am **Oberschenkel** in Richtung Knie und wieder zurück.

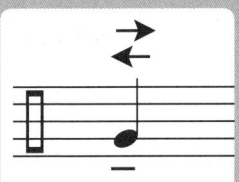

Rechter Oberschenkel

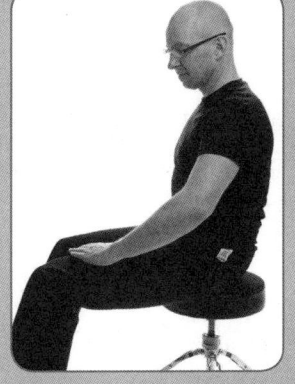
Linker Oberschenkel

Body Percussion • Sounds & Rhythms

4. Rub Sounds

Rub Sounds Übungen

Bei den ersten Übungen werden die Reiberichtungen mit Pfeilen vorgegeben. Sie dienen als Orientierungshilfen, die jederzeit durch eigene Vorlieben ersetzt werden können. Große oder kleine Reibebewegungen führen zu unterschiedlichen Klängen. Experimentiere!

Übetipps!

- *Die Takte einzeln und aneinandergereiht spielen.*
- *Einstiegstempo **60 bpm**, allmählich das Tempo steigern.*
- *Mit Metronom oder Musikbegleitung üben!*
- *Mit verschiedenen Klangdauern experimentieren!*

Händereiben horizontal

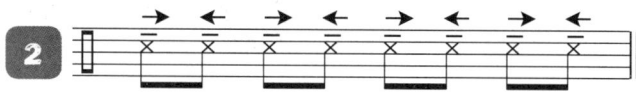

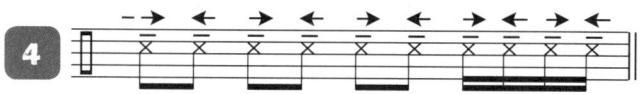

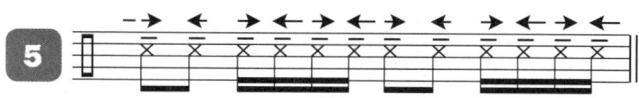

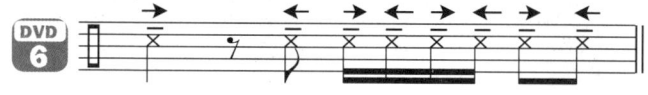

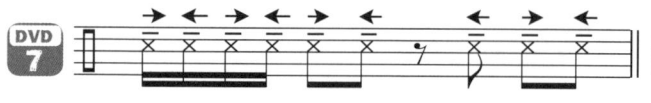

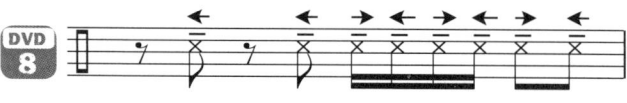

Händereiben vertikal

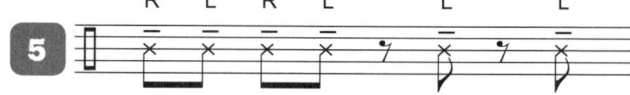

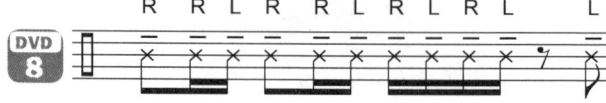

Body Percussion • Sounds & Rhythms

Alfred Music Publishing
LEARN • TEACH • PLAY

Kapitel 1 >> Basics

Händereiben „Pendel"

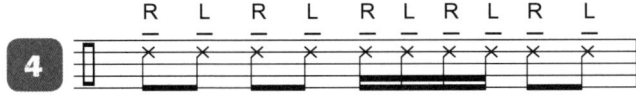

Oberkörper- / Oberschenkelreiben

5. Stomp Sounds

Streng genommen handelt es sich bei den **Stomp Sounds** um keine Body Percussion-Klänge, da in erster Linie der Boden klingt. Schuhe und Boden beeinflussen auch maßgeblich den Sound. Holzböden zählen sicher zu den angenehmsten Spieluntergründen.

Stampfen

Beim Stampfen wird ein möglichst tiefer, voller Klang erzeugt. Grundsätzlich gibt es drei verschiedene Möglichkeiten Stomp Sounds zu erzeugen.

1. Mit dem ganzen Fuß:

Das ganze Bein wird angehoben. Der Fußballen verlässt kurz den Boden. Dann folgt die rasche Abwärtsbewegung. Der ganze Fuß trifft auf.

Welche Technik gewählt wird, hängt auch von der Spielposition ab.

Spielt man **im Sitzen**, ist es relativ einfach, mit dem ganzen Fuß zu spielen. Wichtig ist dabei, dass man nicht aus der Balance gerät und der Oberkörper in einer aufrechten Sitzposition bleibt (nicht nach hinten lehnen)!

Spielt man **im Stehen**, muss immer berücksichtigt werden, dass beim Spiel mit dem ganzen Fuß das Gewicht auf das andere Bein verlagert werden muss.

2. Mit dem Fußballen:

Die Zehenspitzen werden ca. 5 cm angehoben. Der Fußballen trifft auf. Dieser Klang ist vergleichsweise dünn und leise, ermöglicht aber schnelle Rhythmen.

Rechter Fuß

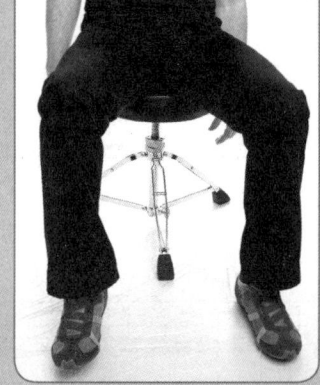

Mit dem rechten Fuß stampfen

3. Mit der Ferse:

Das ganze Bein wird ca. 5 cm angehoben. Der Fußballen bleibt am Boden. Die Ferse trifft auf.

Linker Fuß

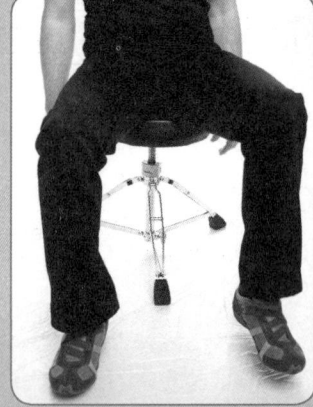

Mit dem linken Fuß stampfen

Kapitel 1 >> Basics

Stomp Sounds Übungen

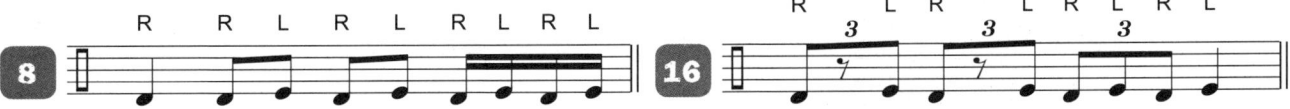

Übetipps!

- Die Takte einzeln, später aneinandergereiht trainieren.
- Einstiegstempo **60 bpm**, allmählich das Tempo steigern.
- Mit Metronom oder Musikbegleitung spielen!
- Auf eine gute Körperbalance und eine aufrechte Sitzposition achten! Mit den verschiedenen Techniken experimentieren!

6. Special Sounds

Zungenschnalzen

Eine schöne Ergänzung des Body Percussion-Klangrepertoires stellt das Zungenschnalzen dar. Dabei wird die Zunge an den harten Gaumen gepresst, ein Unterdruck erzeugt und geräuschvoll gelöst. Durch Veränderung der Lippenform kann die Tonhöhe variiert werden.

Tiefes Zungenschnalzen

Hohes Zungenschnalzen

Zungenschnalz Übungen

DVD 1

2

3

DVD 4

5

DVD 6

DVD 7

8

Übetipps!

- Die Takte einzeln und aneinandergereiht spielen.
- Einstiegstempo **50 bpm**, allmählich das Tempo steigern.
- Mit Metronom oder Musikbegleitung spielen!
- Wichtig sind zwei klar unterscheidbare Tonhöhen!

Warm-Ups

Kapitel 2

„Aufwärmen" bedeutet in Bewegung zu kommen, Körper und Geist auf eine Übesession oder eine Performance einzustellen, „warm werden" mit der Umgebung, den Lerninhalten und seinem Körper. Diese Warm-Ups kombinieren die in Kapitel 1 vorgestellten Klänge und bereiten zielstrebig auf die Rhythmen, Fills und Solostücke der folgenden Kapitel vor. Verbesserung der Klänge, präzise Klangwechsel, Ausdauer und Schnelligkeit sind die Ziele dieses Kapitels.

Bei jeder Body Percussion-Session ist wichtig, dass man locker, entspannt und in angenehmem Tempo, am besten mit vertrauter Musikbegleitung, beginnt.

Sind die Muskeln warm (nach ca. 10 – 20 Minuten), dann sorgen Stretching-Übungen für geschmeidige, leistungsfähige Muskeln. Dabei werden die Positionen (s.u.) für jeweils ca. 10 Sekunden gehalten. Kurzes Aufstehen zwischen den Übungen, Lockerungsübungen, Ausschütteln von Armen und Beinen, sorgen für gute Durchblutung und Wohlbefinden.

Wenn sich eine gewisse Übungsroutine eingestellt hat, kann man einzelne Warm-Up-Übungen auswählen und ein eigenes Warm-Up-Programm zusammenstellen.

Dehnübungen

Unterarmmuskel außen dehnen

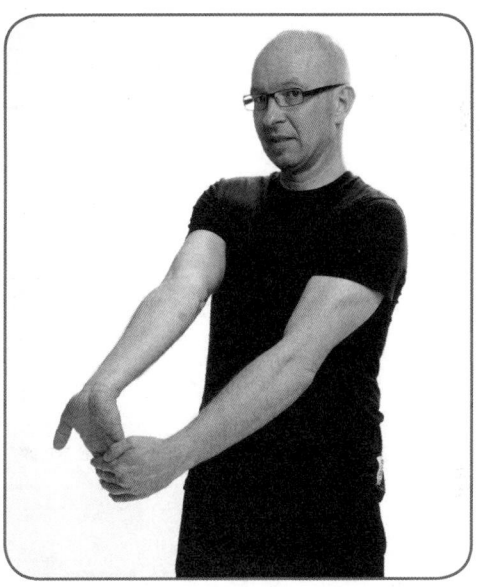

Unterarmmuskel innen dehnen

Trizeps dehnen

Brustmuskel dehnen

1. Hand-to-hand: Oberkörper und Oberschenkel

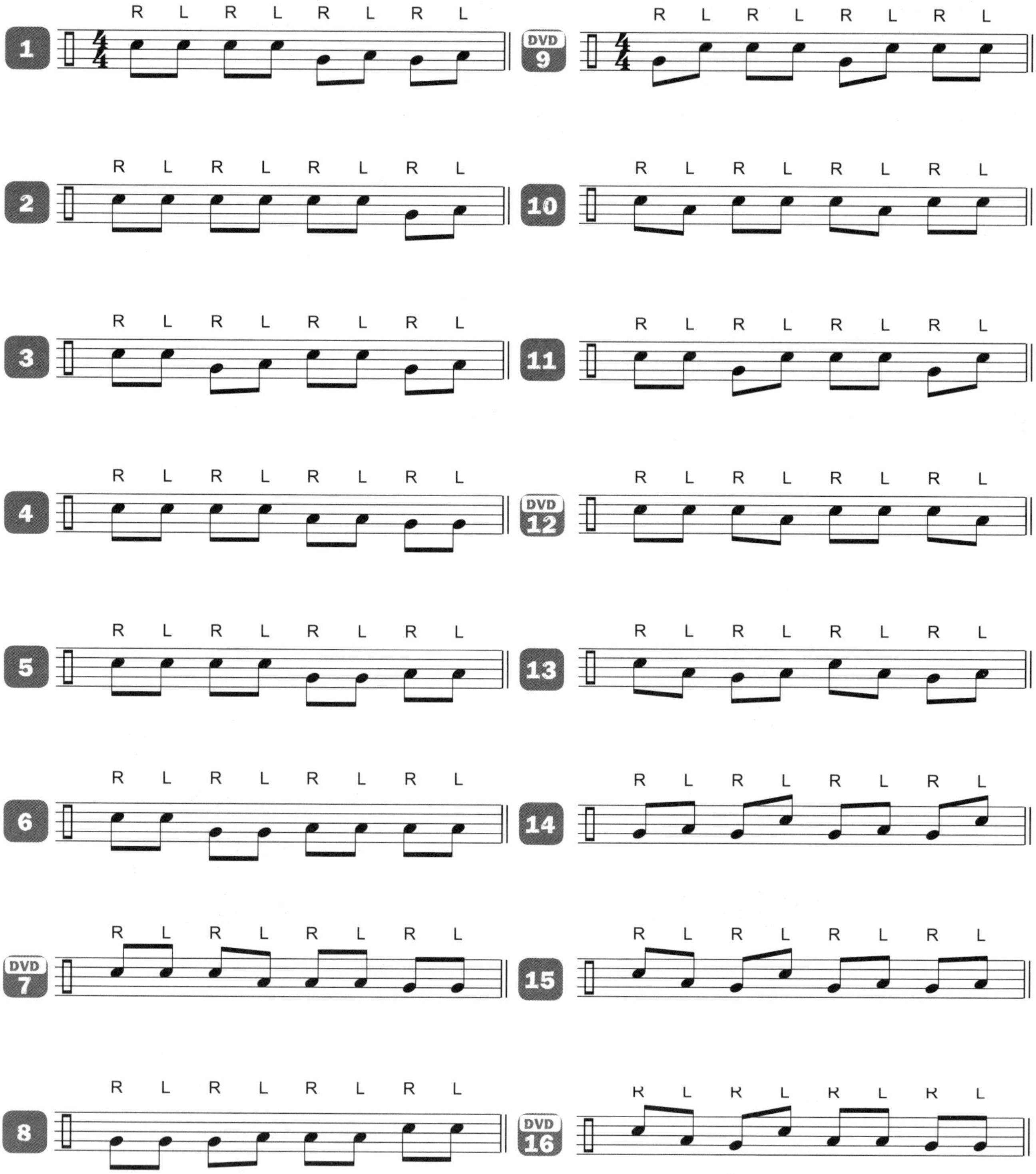

Übetipps!

- Die Takte einzeln, später aneinandergereiht spielen.
- Einstiegstempo **80 bpm**, allmählich das Tempo steigern.
- Mit Metronom oder Musikbegleitung spielen!
- Die Übungen auch mit der linken Hand beginnen!

Kapitel 2 >> Warm-Ups

Crossing Hands

„Crossing Hands" ist eine ganz besondere „Hand-to-hand"-Aufwärmübung, bei der sich die Hände kreuzen. Die Klangfolge Oberkörper, linker und dann rechter Oberschenkel wird ständig beibehalten. Zwei Hände spielen abwechselnd auf drei Klängen, deshalb kreuzen die Hände.

Bei Übung 2 wird die Reihenfolge Oberkörper, rechter und dann linker Oberschenkel beibehalten. Die Hände bewegen sich in umgekehrter Richtung. Musikalische Anwendungen der Übungen sind auf den *Seiten 67 und 111* zu finden.

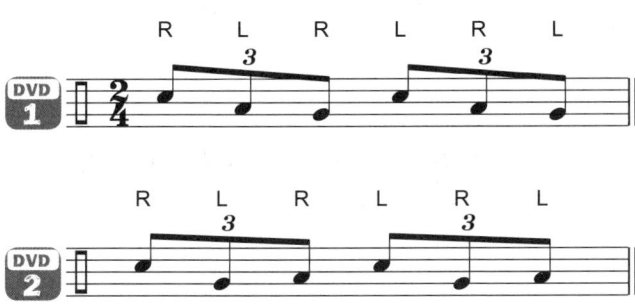

Übetipps!

- *Die Takte einzeln spielen, später versuchen, von einem Takt zum anderen ohne Pause zu wechseln (nach 4 Wiederholungen).*
- *Einstiegstempo (wenn die Bewegungsfolge klar ist)* **60 bpm**, *allmählich das Tempo steigern.*

Schlagfolge Übung 1

Position 1

Position 2

Position 3

Position 4

Position 5

Position 6

2. Dynamik

Laute und leise Klänge sorgen für den richtigen „Flow" von Rhythmen und Fills. Bei den leisen Klängen (kleine Notenköpfe) wird ca. 5 cm weit ausgeholt, bei den lauten (Akzente) ca. 25 cm.

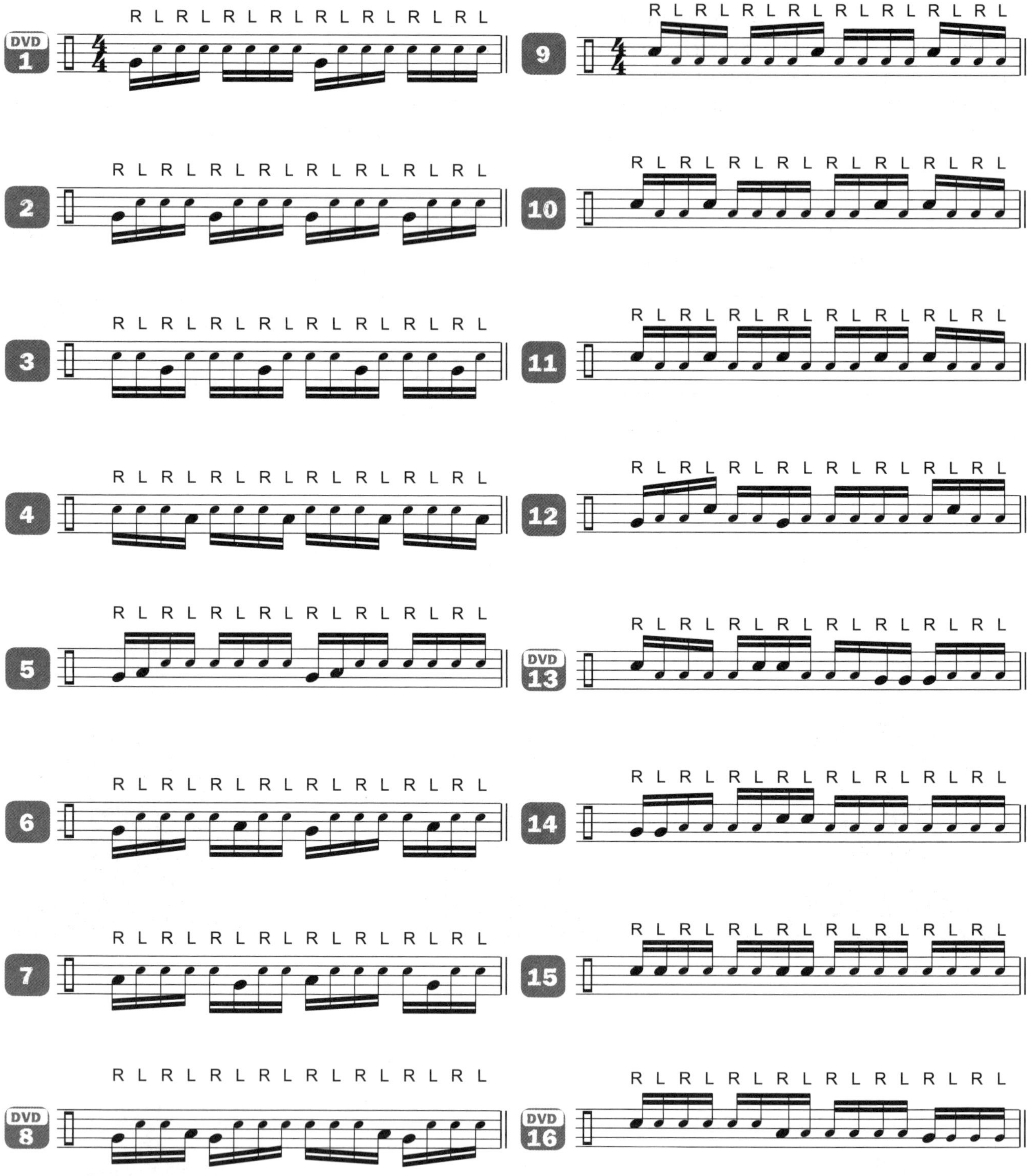

Übetipps!

- Die Takte einzeln und aneinandergereiht spielen.
- Einstiegstempo **50 bpm**, allmählich das Tempo steigern.
- Mit Metronom oder Musikbegleitung üben!
- Die Übungen auch mit der linken Hand beginnen!

3. Mixed Sounds

Kapitel 2 >> Warm-Ups

Body & Snap Sounds

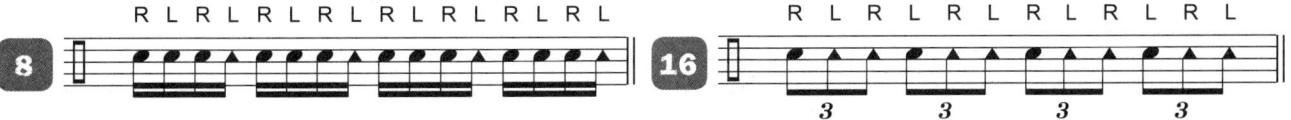

Übetipps!

- Die Takte einzeln, aneinandergereiht und in beliebiger Reihenfolge trainieren.
- In langsamem Tempo beginnen, allmählich das Tempo steigern.
- Mit Metronom oder Musikbegleitung üben!
- Die Übungen mit anderen Body Sounds (Oberschenkel, Hüften oder Wangen) wiederholen.

3. Mixed Sounds

Body & Clap Sounds (Pendelklatschen)

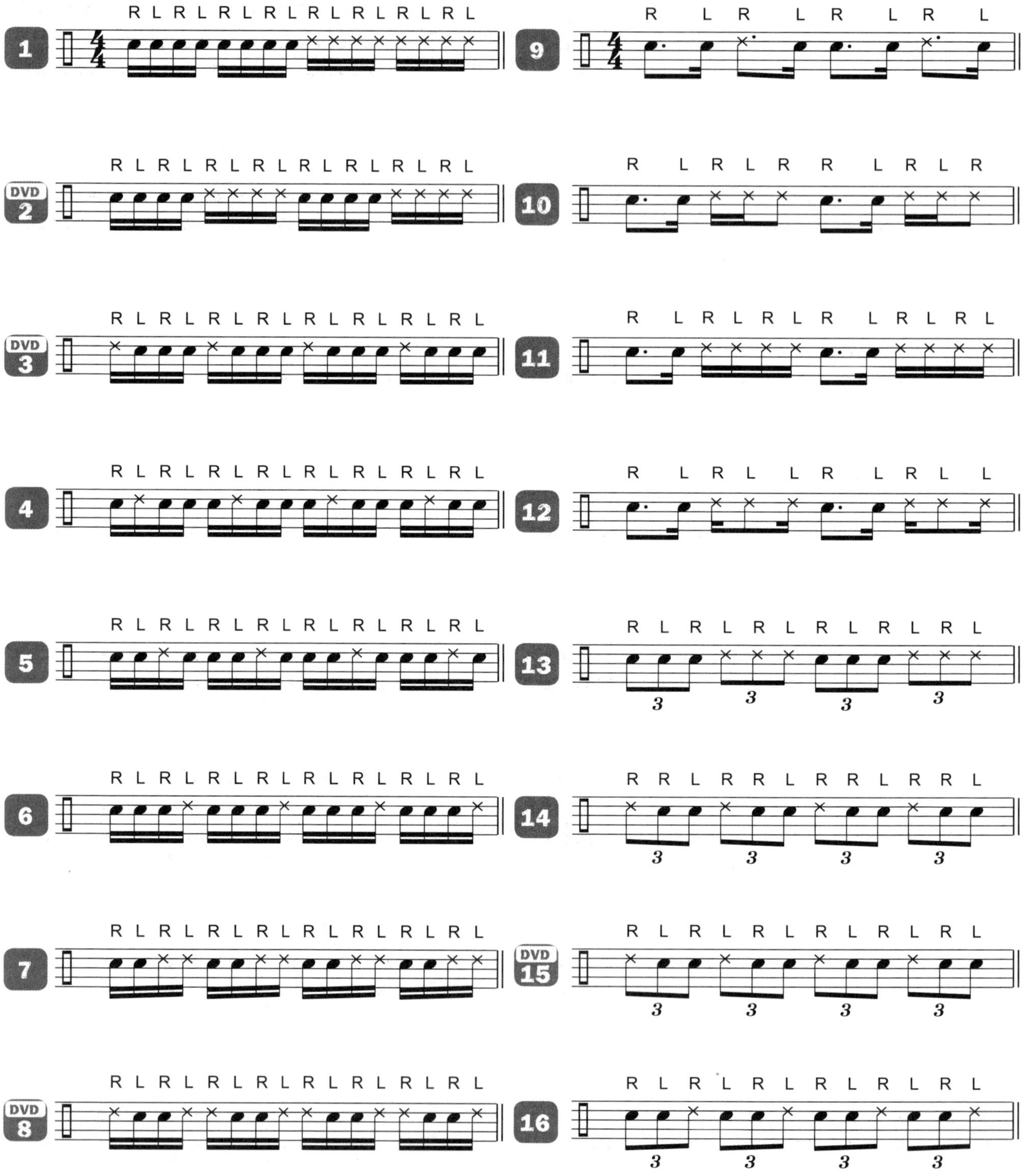

Kapitel 2 >> Warm-Ups

Body & Rub Sounds

3. Mixed Sounds

Snap & Rub Sounds

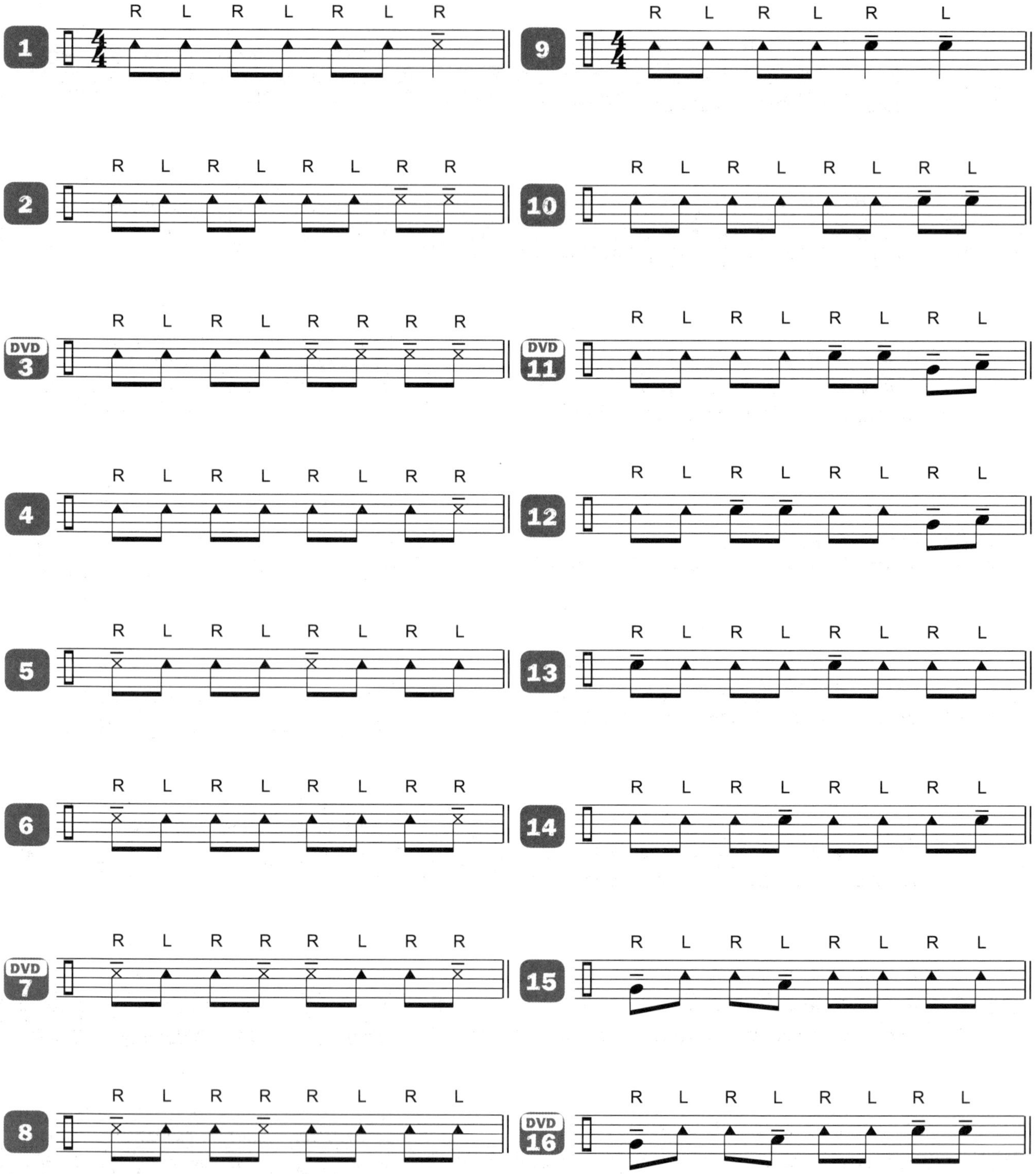

Body Percussion • Sounds & Rhythms

Kapitel 2 >> Warm-Ups

Body & Stomp Sounds

Anstelle der Body Sounds können auch Clap- oder Snap-Sounds gespielt werden.

4. Basic Independence

Die rhythmischen Möglichkeiten eines Body Percussionisten sind unbegrenzt. Mit vier Gliedmaßen lassen sich die unglaublichsten Polyrhythmen realisieren. Die folgenden Unabhängigkeitsübungen bieten einen einfachen Einstieg.

Dabei wird mit einer Hand (oder beiden Händen) ein gleich bleibender Ostinato-Rhythmus und mit der anderen Hand bzw. den Füßen die Übung „Achtel-Workout" (*vgl. S. 43*) gespielt.

Ostinati

„Achtel-Workout" mit der linken Hand oder den Füßen (rechter oder linker bzw. abwechselnd) spielen.

„Achtel-Workout" mit der rechten Hand oder den Füßen (rechter oder linker bzw. abwechselnd) spielen.

„Achtel-Workout" mit den Füßen (rechter oder linker bzw. abwechselnd) spielen.

Kapitel 2 >> Warm-Ups

Achtel-Workout

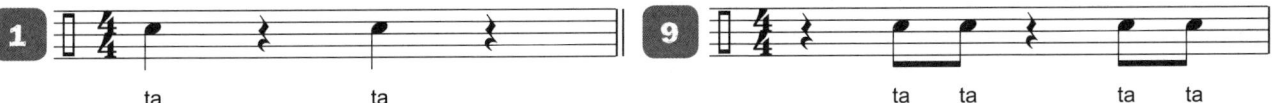

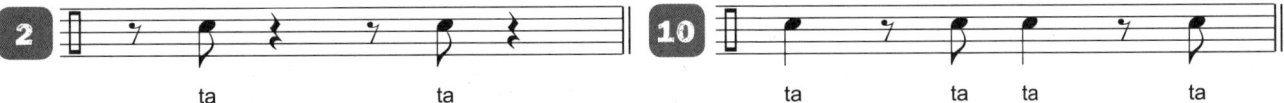

Übetipps!

- Ostinato-Rhythmus auswählen und ständig wiederholen.
- In langsamem Tempo beginnen **60 bpm** (oder langsamer).
- Während der Ostinato-Rhythmus läuft, die Übung „Achtel-Workout" Takt für Takt auf der Silbe „ta" singen und so lange wiederholen, bis sich die Übung gut anfühlt!
- „Achtel-Workout" mit den vorgeschlagenen Gliedmaßen als Body-, Snap- oder Stomp-Sound spielen.
- Nach 4, 2 oder einem Takt von einem Takt zum nächsten wechseln.
- Mit Metronom oder Musikbegleitung üben!
- Locker und entspannt bleiben!

Grooves & Styles

Die bereits bekannten Klänge und Techniken werden nun zu Rhythmen verschiedener Stilistiken zusammengesetzt. Sie sind die Basis für stiltypische Songbegleitungen, die durch charakteristische Fills ergänzt werden. Damit lassen sich variable, auch eigene Begleitmodelle gestalten, die gleich bei einer Live-Session z.B. mit Gitarre und Gesang ausprobiert werden können. Wie das funktioniert, wird anhand von Songs gezeigt, die von meiner Band auf der beigelegten DVD performt werden. Die Body Percussion-Stimmen sind komplett ausnotiert. Man kann sie entweder zur DVD üben oder zu den Playbacks, die man gratis auf *www.filz.at* runterladen kann.

Bei den Rhythmen werden mehrere Versionen vorgestellt. Die einfachsten Versionen gewährleisten ein schnelles Erfolgserlebnis, vermitteln gleich Spaß am Spielen und sollen für komplexere Aufgaben motivieren. Anfangs werden mit den Body Percussion-Klängen Schlagzeug-Sounds imitiert, später bei Samba und Baião Percussion-Instrumente. Da es mehrere Möglichkeiten gibt, z.B. eine Bass Drum mit Body- oder Stomp-Sounds nachzumachen, ergeben sich von ein und demselben Rhythmus mehrere Versionen. Bei manchem Stil werden bis zu vier Versionen vorgestellt. Sie sind im Schwierigkeitsgrad immer ansteigend. Bald werden eigene Vorlieben entdeckt und vielleicht auch eigene Versionen erfunden. Ziel ist es, ein Repertoire an Rhythmen und Fills zu entwickeln und eigene Songbegleitungen zu gestalten.

Übetipps!

- *Die Rhythmen einzeln trainieren.*
- *In langsamem Tempo beginnen, allmählich das Tempo steigern.*
- *Mit Metronom oder Musikbegleitung üben! Bei jedem Stil findet sich eine Auflistung von Songs, die sich für die Anwendung der Rhythmen und Fills eignen.*

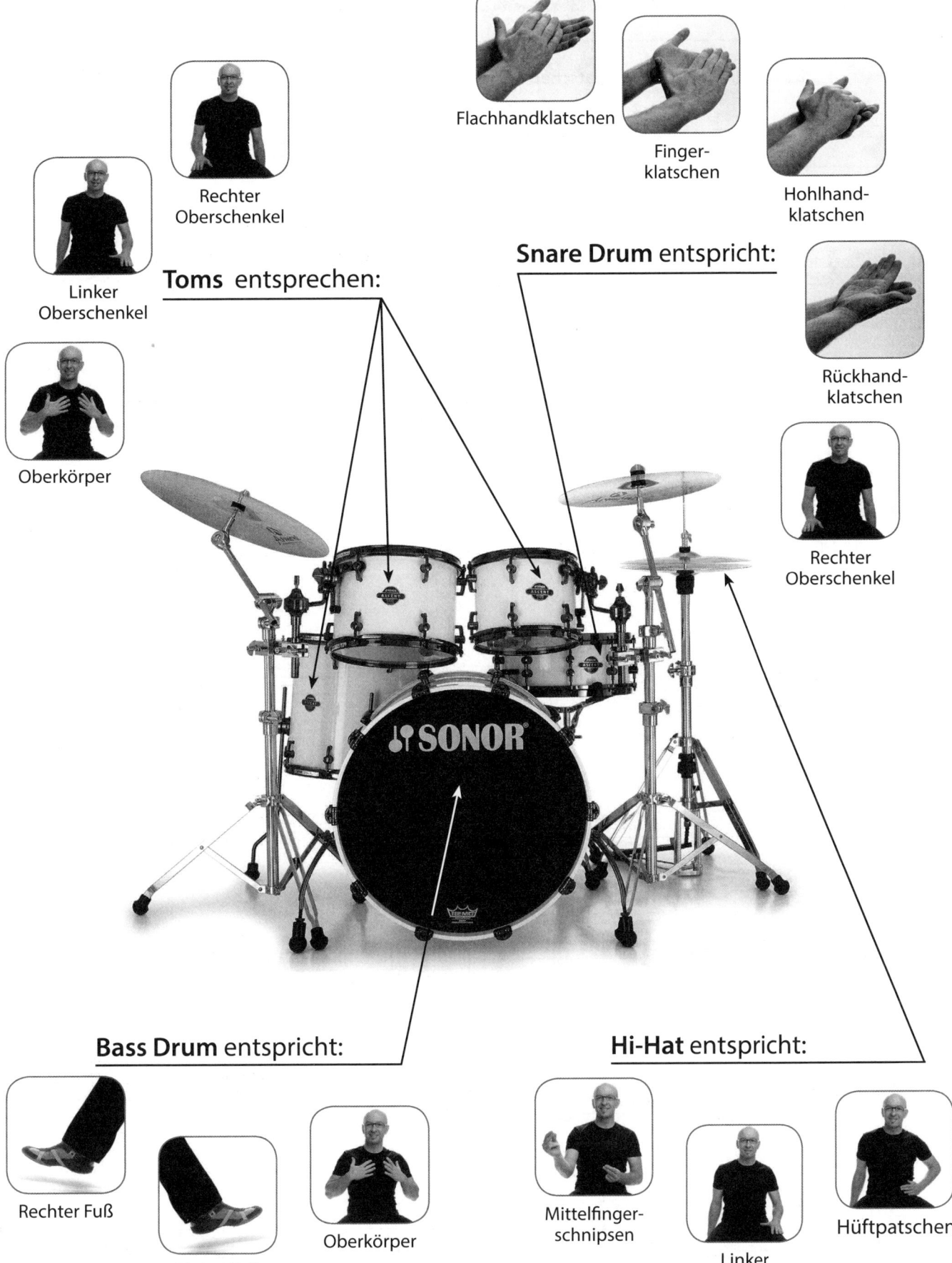

1. Rock

Rock Version 1

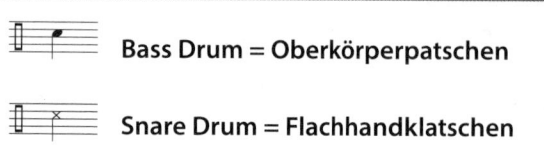
Bass Drum = Oberkörperpatschen
Snare Drum = Flachhandklatschen

Rock Version 2

Bass Drum = Stampfen
Snare Drum = Flachhandklatschen

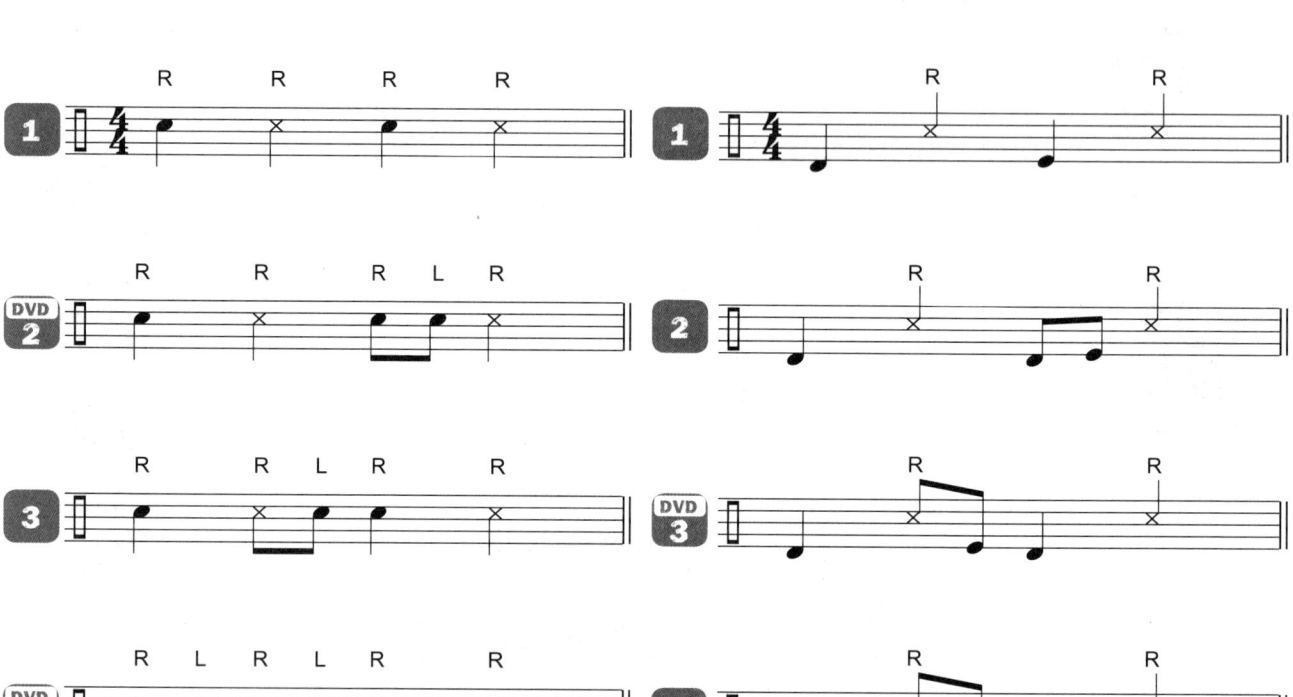
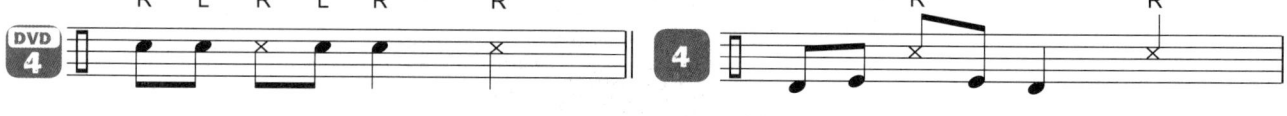

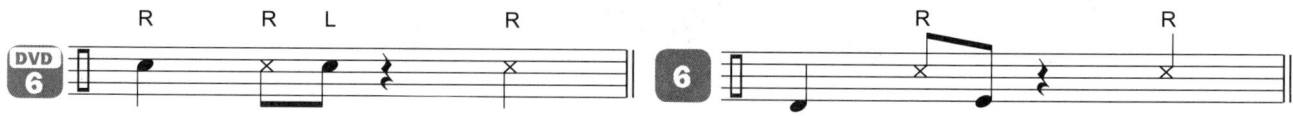

46　Body Percussion · Sounds & Rhythms

Kapitel 3 >> Grooves & Styles

Rock Version 3

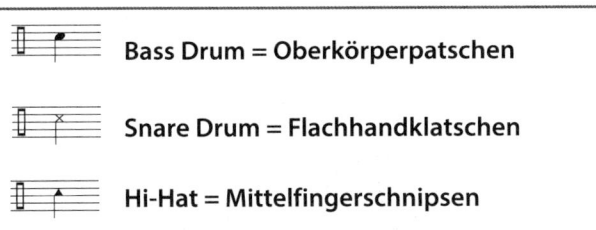

Rock Version 4

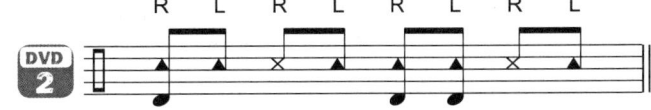

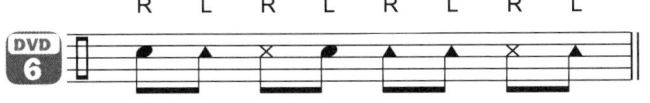

Die Stomp-Sounds mit dem rechten oder linken Fuß bzw. abwechselnd spielen.

Body Percussion • Sounds & Rhythms

1. Rock

Rock Variationen

- Alternativ kann anstelle des Flachhandklatschens das Hohlhandklatschen oder das Fingerklatschen eingesetzt werden.

Beispiele

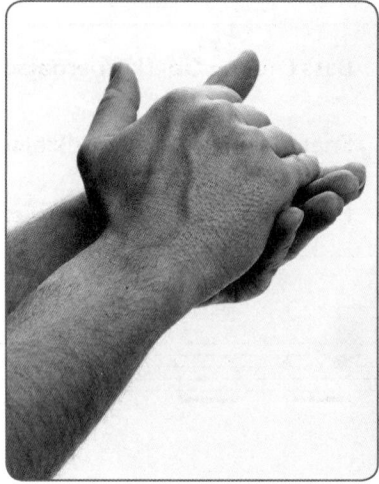

Hohlhandklatschen

- Anstelle der Clap-Sounds mit der rechten Hand auf dem rechten Oberschenkel patschen (Rock Version 3 und 4).

Beispiele

Oberschenkelpatschen

- Anstelle der Snap-Sounds (leise) auf den Hüften patschen (Rock Version 3).

Beispiele

Hüftpatschen

48   Body Percussion • Sounds & Rhythms

Kapitel 3 >> Grooves & Styles

Rock Variationen

- Anstelle eines Body Sounds bzw. Snap Sounds wird ein Rub Sound gespielt. Rub Sounds können nach Belieben eingefügt werden.

Rub Sound auf dem Oberkörper

Beispiele

Rock Version 1

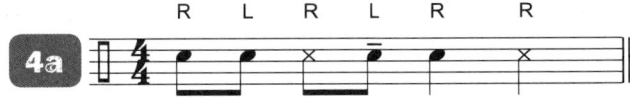

Rock Version 3

Rock Version 4

1. Rock

Rock Fills

„Fills" oder auch „Fill Ins" sind rhythmische Unterbrechungen des Grundrhythmus. Sie dienen als Überleitungstakte zwischen verschiedenen Formteilen eines Songs (z.B. Strophe – Refrain). Zunächst ist es wichtig, ein Repertoire an Fills zu erarbeiten und die Fills bewusst mit den Rhythmen zu kombinieren. Später können und sollen die Fills improvisiert werden.

Übetipps!

- *Die Fills einzeln trainieren.*
- *In langsamem Tempo beginnen.*
- *Einen Rock Groove auswählen und den taktweisen Wechsel zwischen Groove und den Fills 1 – 8 probieren.*
- *Mit Metronom oder Musikbegleitung üben!*

Ganztaktige Fills

Groove-Beispiele
(beliebig mit den Fills kombinierbar)

Rock Version 1, #2

Rock Version 2, #4

Rock Version 3, #1

Rock Version 3, #8

50 Body Percussion • Sounds & Rhythms

Kapitel 3 >> Grooves & Styles

Kurze Fills

Die Fills 9 – 16 sind im Gegensatz zu den ganztaktigen Fills nur ein oder zwei Beats lang. Sie können mit jedem Rhythmus kombiniert werden. Dabei wird der laufende Rhythmus, in der Notation durch Schrägstriche, die sogenannten „Slashes" dargestellt, bis zum Beginn des Fills gespielt.

Übetipps!

- Bei den Fills 9 – 16 entweder eine eintaktige Schleife: Groove/Fill oder ein zweitaktiges Muster: 1 Takt Groove, 1 Takt Groove/Fill spielen.

Beispiel Rock 1 / Fill 12

Groove-Beispiele
(beliebig mit den Fills kombinierbar)

Rock Version 1, #5

Rock Version 2, #3

Rock Version 3, #2

Rock Version 3, #4

Body Percussion • Sounds & Rhythms   51

1. Rock

Rock Songbegleitung

Aus der Kombination verschiedener Rhythmen und Fills können Begleitungen zu Songs gestaltet werden. Die Fills werden dabei an musikalisch sinnvollen und prägnanten Stellen, z. B. zur Überleitung von der Strophe zum Refrain gespielt (meistens im vierten oder achten Takt).

Übetipps!

- *Die Verbindung von Rhythmen und Fills trainieren.*
- *4 taktige Formen bilden: bei ganztaktigen Fills wird der Rhythmus z. B. 3 Mal komplett gespielt, im 4. Takt folgt das Fill. Verwendet man ein kurzes Fill, läuft der Rhythmus bis in den vierten Takt hinein.*
- *Als Begleitung von Rocksongs üben! Die Liste (s.u.) soll beim Finden geeigneter Titel helfen.*

Beispiele

Rock 1 / Fill 4

Rock 7 / Fill 16

Songbeispiele

Die Rock-Rhythmen und -Fills eignen sich zum Begleiten der folgenden Songs:

- *Yesterday (Beatles)*
- *Wonderwall (Oasis)*
- *Rock My Soul (Trad.)*
- *Let´s Get It On (Marvin Gaye)*
- *I´ll Be There (Jackson Five)*
- *Don't Know Why (Norah Jones)*
- *Billie Jean (Michael Jackson)*
- *Again (Lenny Kravitz)*
- *We Will Rock You (Queen)*
- *Every Breath You Take (Police)*

Kapitel 3 >> Grooves & Styles

Rock Songbegleitung 'Get Ready'

Richard Filz

Anhand des Songs "Get Ready" wird die musikalische Anwendung der Rock-Rhythmen und Fills gezeigt.

Übetipps!

- Die Performance des Songs auf der beiliegenden DVD ansehen.
- Die Begleitstimme Takt für Takt erarbeiten und mit der DVD mitspielen.
- Eventuell das Playback auf www.filz.at gratis runterladen und dazu spielen.
- Eigene Begleitung zu dem Song gestalten.

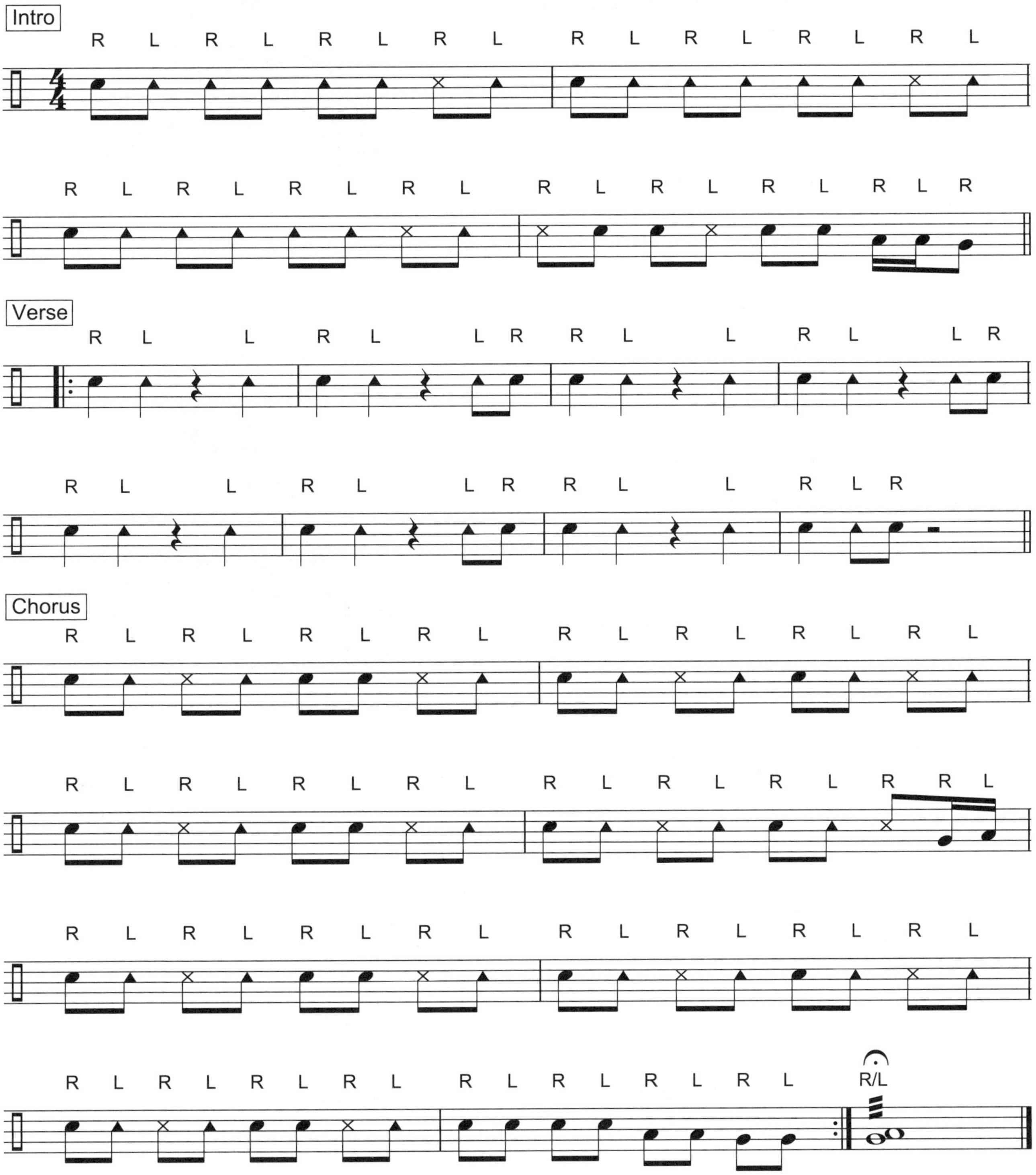

© Copyright 2011 by Alfred Music Publishing GmbH, Germany

2. Rock mit Sechzehntel

Rock mit Sechzehntel Version 1 im Stile von U2

Durchgehende, Hand-to-hand gespielte Sechzehntel sorgen für ein treibendes Rock Feeling.

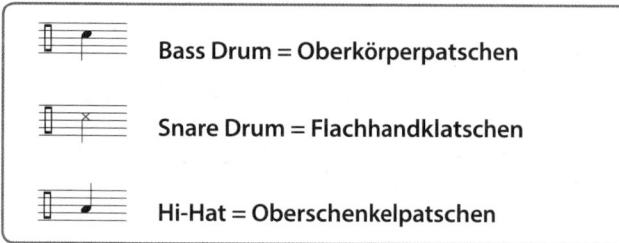

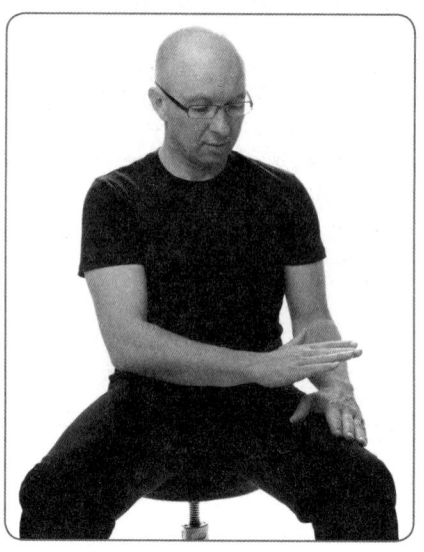

Beide Hände auf linkem Oberschenkel

Hand drehen

Songbeispiele

Diese Rhythmen passen zu den folgenden Songs:

- Mama (Genesis)
- Heavy Cross (Gossip)
- Stayin´Alive (Bee Gees)
- Nobody Wants To Be Lonely (Ricky Martin)
- I Will Survive (Gloria Gaynor)
- Smoke On The Water (Deep Purple)
- Don't Speak (No Doubt)
- Ironic (Alanis Morissette)
- Rapper's Delight (The Sugarhill Gang)
- Heart of Glass (Blondie)

Kapitel 3 >> Grooves & Styles

Rock mit Sechzehntel Version 2

- Bass Drum = Oberkörperpatschen
- Snare Drum = Flachhandklatschen 
- Hi-Hat = Mittelfingerschnipsen 

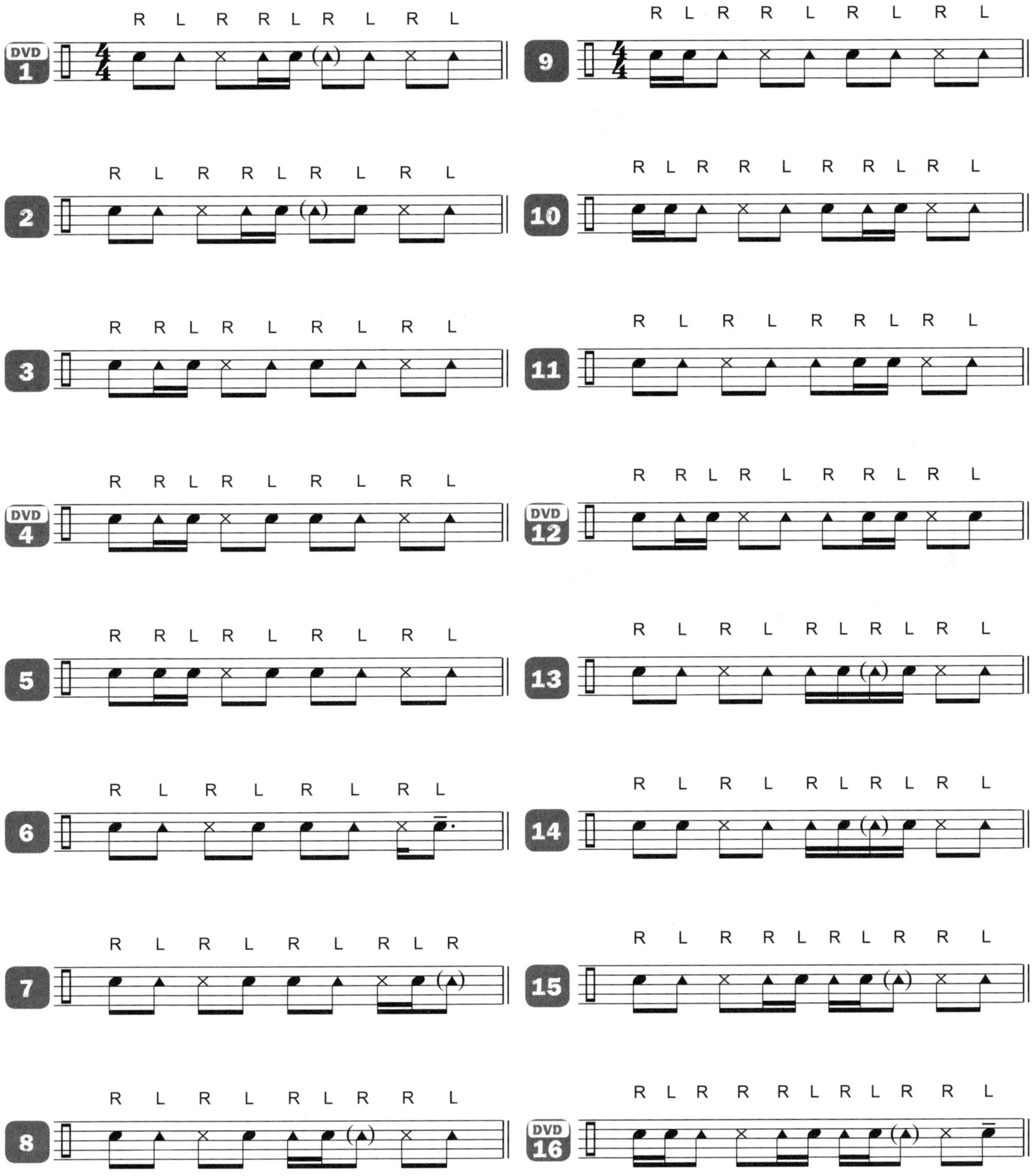

In Klammern gesetzte Notenköpfe können weggelassen werden.

Body Percussion · Sounds & Rhythms

2. Rock mit Sechzehntel

Rock mit Sechzehntel Version 3

Bass Drum = Stampfen

Snare Drum = Flachhandklatschen

Hi-Hat = Mittelfingerschnipsen

Die Stomp-Sounds mit dem rechten oder linken Fuß bzw. abwechselnd spielen.

Kapitel 3 >> Grooves & Styles

Rock mit Sechzehntel Fills

Groove-Beispiele
(beliebig mit den Fills kombinierbar)

Rock mit Sechzehntel Version 2, #2

Rock mit Sechzehntel Version 2, #12

Rock mit Sechzehntel Version 3, #1

Rock mit Sechzehntel Version 3, #7

Songbeispiele

Die Rock mit Sechzehntel-Rhythmen und -Fills passen zu den folgenden Songs. Die Rhythmen können auch mit den Rock Fills von Seite 50 kombiniert werden.

- Feel (Robbie Williams)
- Sweetest Goodbye (Maroon 5)
- Fighter (Christina Aguilera)
- Holes to Heaven (Jack Johnson)
- Mother Father (Dave Matthews Band)
- Bring Me to Life (Evanescence)
- Rockstar (Nickelback)
- Alejandro (Lady Gaga)
- Whataya Want From Me (Pink)
- Nobody´s Home (Avril Lavinge)

2. Rock mit Sechzehntel

Rock mit Sechzehntel Songbegleitung 'Monday Morning'

Kapitel 3 >> Grooves & Styles

Richard Filz

3. Blues Rock

Blues Rock

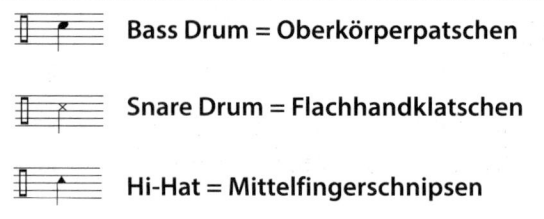

- Bass Drum = Oberkörperpatschen
- Snare Drum = Flachhandklatschen
- Hi-Hat = Mittelfingerschnipsen

Kapitel 3 >> Grooves & Styles

Blues Rock Fills

Groove-Beispiele
(beliebig mit den Fills kombinierbar)

Blues Rock #1

Blues Rock #3

Blues Rock #6

Blues Rock #8

Songbeispiele

Mit den Blues Rock-Rhythmen und -Fills können die folgenden Songs begleitet werden:

- *Fallin´ (Alicia Keys)*
- *We Are the Champions (Queen)*
- *Nothing Else Matters (Metallica)*
- *Love Me Tender (Elvis Presley)*
- *The Story (Norah Jones)*

- *Unchained Melody (Righteous Brothers)*
- *Hold the Line (Toto)*
- *Stormy Monday (B.B. King)*
- *Still Got the Blues (Gary Moore)*
- *When A Man Loves a Woman (Percy Sledge)*

Body Percussion · Sounds & Rhythms

3. Blues Rock

Blues Rock Songbegleitung: 'Home Where You Belong' — Richard Filz

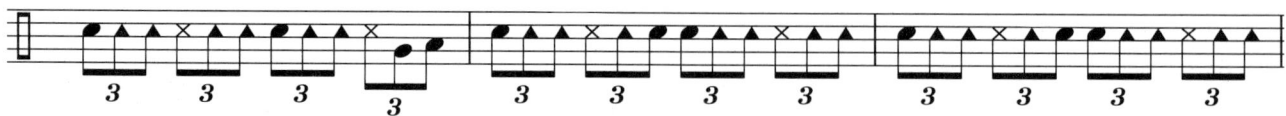

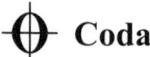

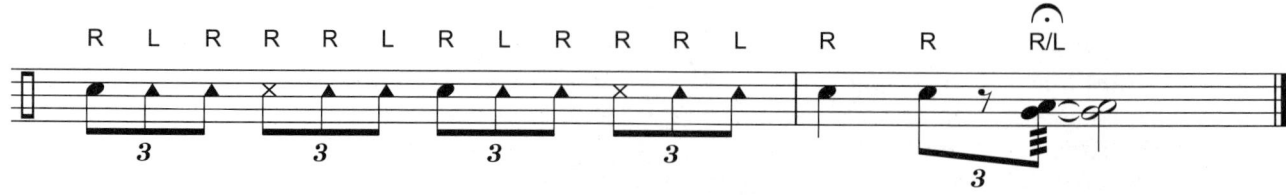

D. S. al Coda

Coda

© Copyright 2011 by Alfred Music Publishing GmbH, Germany

Body Percussion • Sounds & Rhythms

4. Shuffle

Kapitel 3 >> Grooves & Styles

Shuffle Version 1

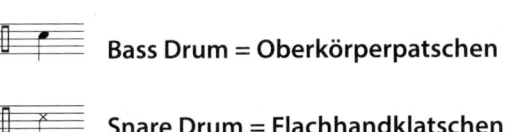
Bass Drum = Oberkörperpatschen
Snare Drum = Flachhandklatschen

Shuffle Version 2

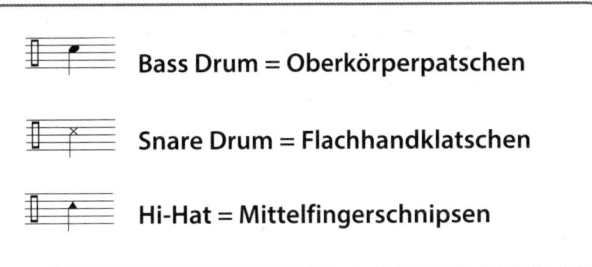
Bass Drum = Oberkörperpatschen
Snare Drum = Flachhandklatschen
Hi-Hat = Mittelfingerschnipsen

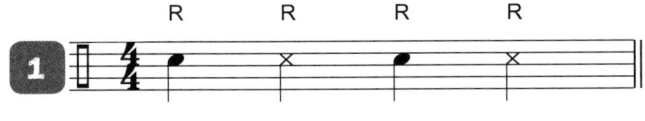

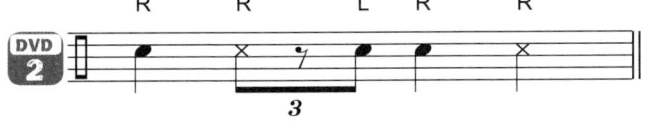

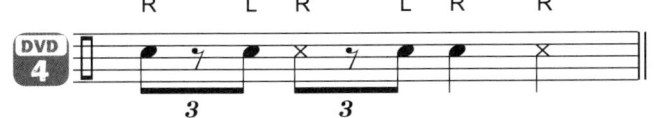

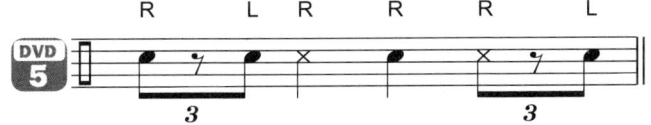

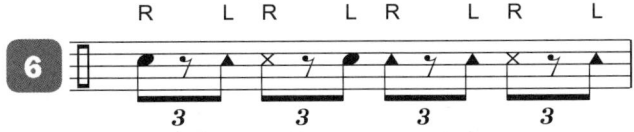

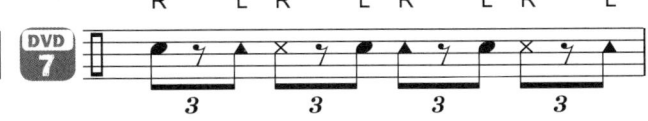

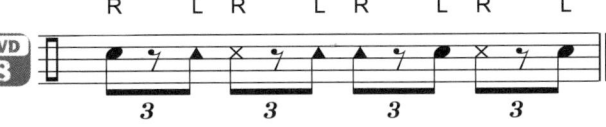

Body Percussion • Sounds & Rhythms

4. Shuffle

Shuffle Version 3

Bass Drum = Stampfen

Snare Drum = Flachhandklatschen

Hi-Hat = Mittelfingerschnipsen

Die Stomp-Sounds mit dem rechten oder linken Fuß bzw. abwechselnd spielen.

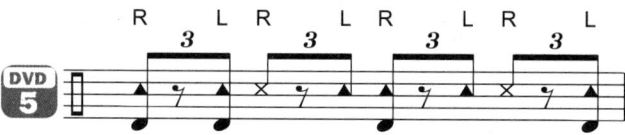

Kapitel 3 >> Grooves & Styles

Shuffle Fills

Groove-Beispiele
(beliebig mit den Fills kombinierbar)

Shuffle Version 1, #4

Shuffle Version 2, #1

Shuffle Version 2, #7

Shuffle Version 3, #3

„Crossing Hands"

Songbeispiele

Die Shuffle-Rhythmen und -Fills passen zu den folgenden Songs:

- King of the Road (Roger Miller)
- Layla (Eric Clapton)
- Harvest Moon (Neil Young)
- See You Later Alligator (Bill Haley)
- Got To Get You Into My Life (Earth, Wind & Fire)

- Let the Good Times Roll (Ray Charles)
- Yellow Submarine (Beatles)
- La Grange (ZZ Top)
- Far Far Away (Slade)
- Baby Jane (Rod Stewart)

4. Shuffle

Shuffle Songbegleitung 'Catch Me If You Can'

Intro

Verse

© Copyright 2011 by Alfred Music Publishing GmbH, Germany

Kapitel 3 >> Grooves & Styles

Richard Filz

Chorus

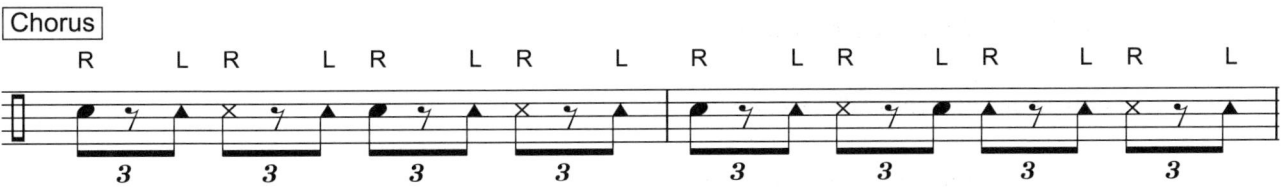

3x wh.

5. R'n'B / Hip Hop

R'n'B / Hip Hop

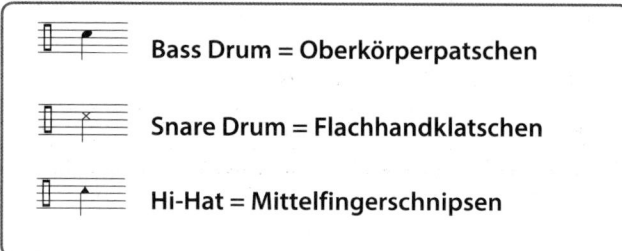

- Bass Drum = Oberkörperpatschen
- Snare Drum = Flachhandklatschen
- Hi-Hat = Mittelfingerschnipsen

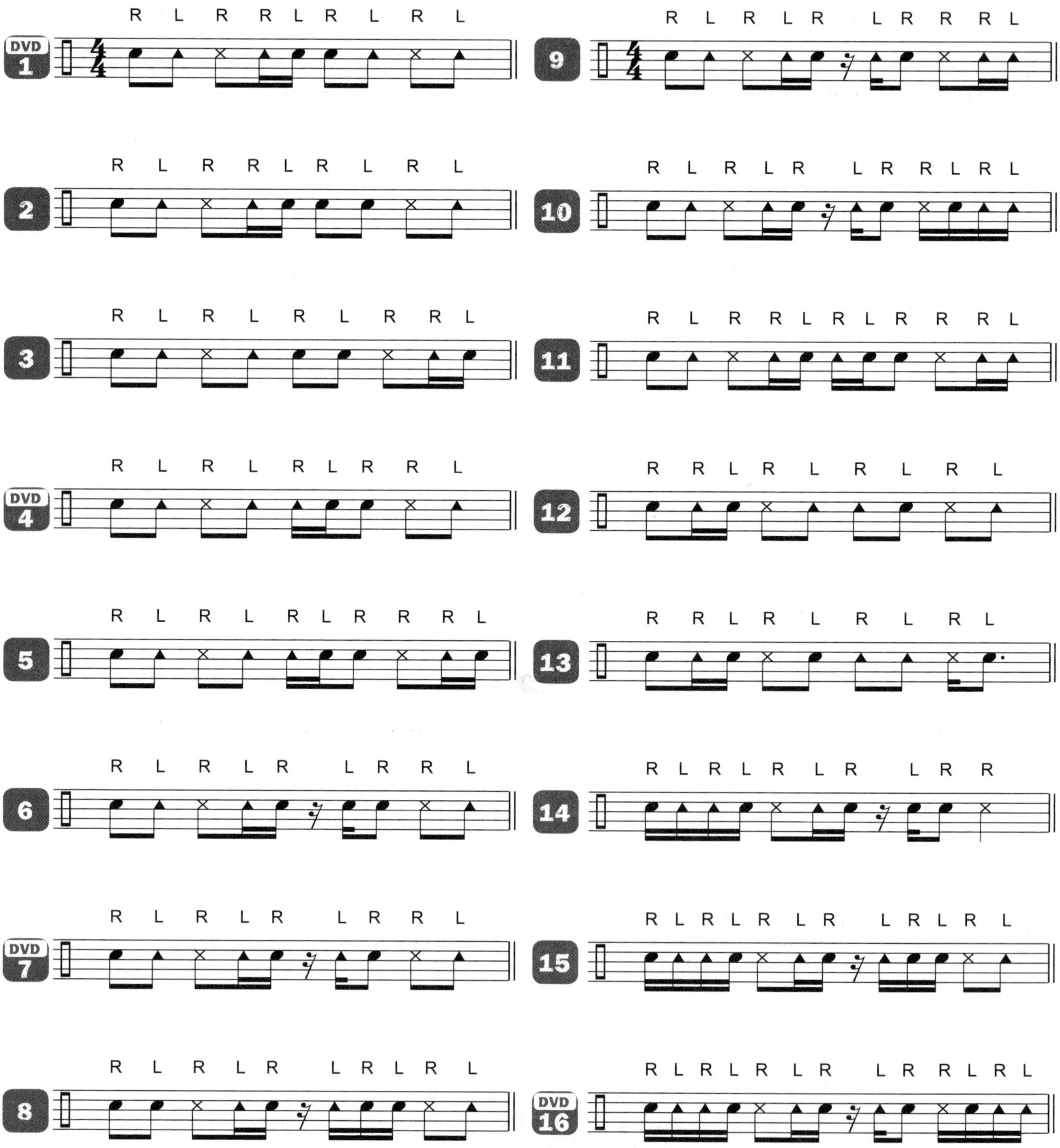

Kapitel 3 >> Grooves & Styles

R'n'B / Hip Hop Variationen

Rub Sounds können nach Belieben eingefügt werden. Damit werden stiltypische „Scratches" imitiert.

Beispiele

1a

2a

7a

9a

11a

Linke Hand reiben

12a

13a

14a

5. R'n'B / Hip Hop

R'n'B / Hip Hop Fills

Manchmal ist eine Pause das effektvollste Fill!

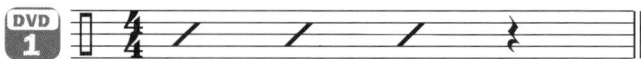

Groove-Beispiele
(beliebig mit den Fills kombinierbar)

R'n'B / Hip Hop #1

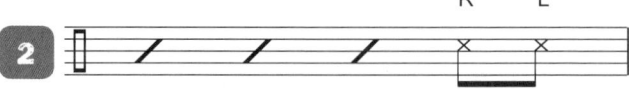

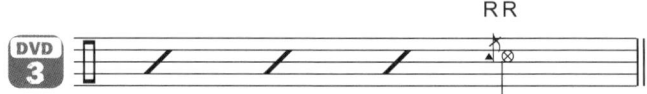

R'n'B / Hip Hop #7

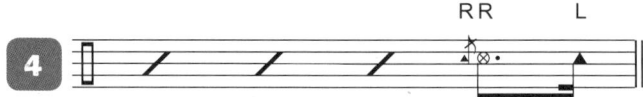

R'n'B / Hip Hop Variation #9a

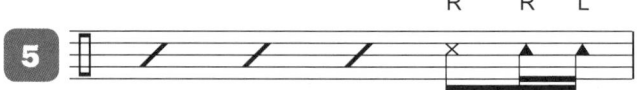

R'n'B / Hip Hop Variation #12a

Songbeispiele

Die Hip Hop-Rhythmen und -Fills eignen sich zum Begleiten dieser Songs:

- Killing Me Softly (Fugees)
- No Scrubs (TLC)
- Victim of a Foolish Heart (Joss Stone)
- No Love (Erykah Badu)
- Fancy (Destiny's Child)

- More Than a Woman (Angie Stone)
- Let It Rain (Naturally 7)
- You Got Me (The Roots)
- Cantaloop (Us3)
- Umbrella (Rihanna)

Body Percussion • Sounds & Rhythms

Kapitel 3 >> Grooves & Styles

R'n'B / Hip Hop Songbegleitung '20 Days'
Richard Filz

6. Funk

Let´s get funky! Doch zuvor gibt es noch zwei neue Body Percussion-Sounds!

Handrückenreiben

Das Öffnen der Hi-Hat wird mit dem Reiben des rechten Handrückens entlang der ausgestreckten Linken imitiert. Diese Reibebewegung wird in erster Linie vom Körper weg ausgeführt. Da danach meistens ein Clap-Sound folgt, muss die Hand schnell in die Ausgangsposition zurück gedreht werden.

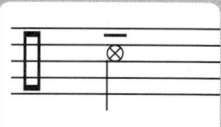

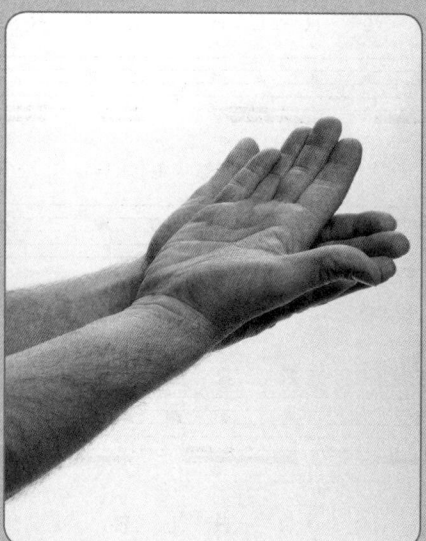

Rechte Hand reibt entlang der Linken.

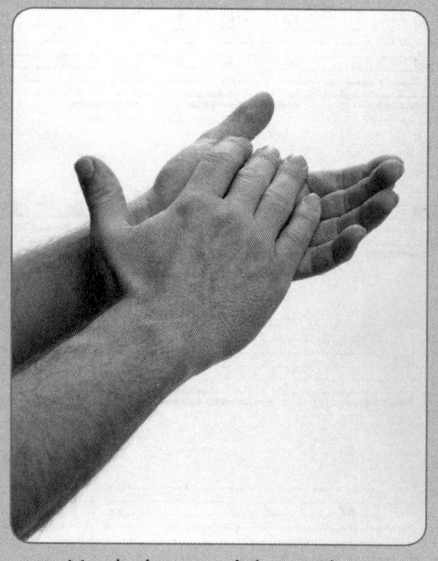

Verdrehen und dann Clap!

Handrückenreiben Übungen

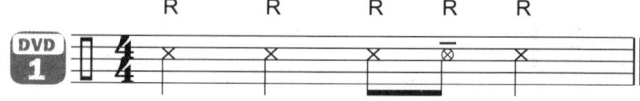

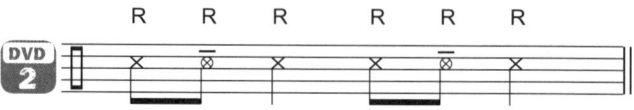

Kapitel 3 >> Grooves & Styles

📀 Unterarmpatschen

Mit der linken Vorderhand wird (leise) auf den rechten Unterarm gepatscht. Die Hände sind dabei gekreuzt. So werden die leisen Zwischenschläge, *Ghostnotes* genannt, der Funk Rhythmen im Stile von James Brown ausgeführt. Sie machen Grooves erst richtig lebendig.

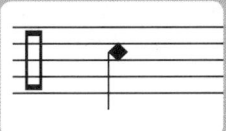

Rechte Hand auf dem Oberkörper

Linke Hand schlägt auf den Unterarm.

Unterarmpatschen Übungen

DVD 1

DVD 2
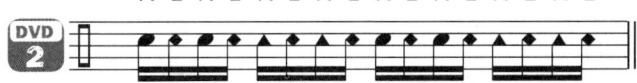

DVD 3

DVD 4
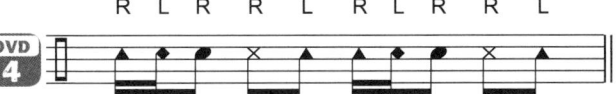

Body Percussion • Sounds & Rhythms

6. Funk

Funk Version 1

Bass Drum = Oberkörperpatschen
Snare Drum = Flachhandklatschen
Hi-Hat = Mittelfingerschnipsen
Open Hi-Hat = Handrückenreiben

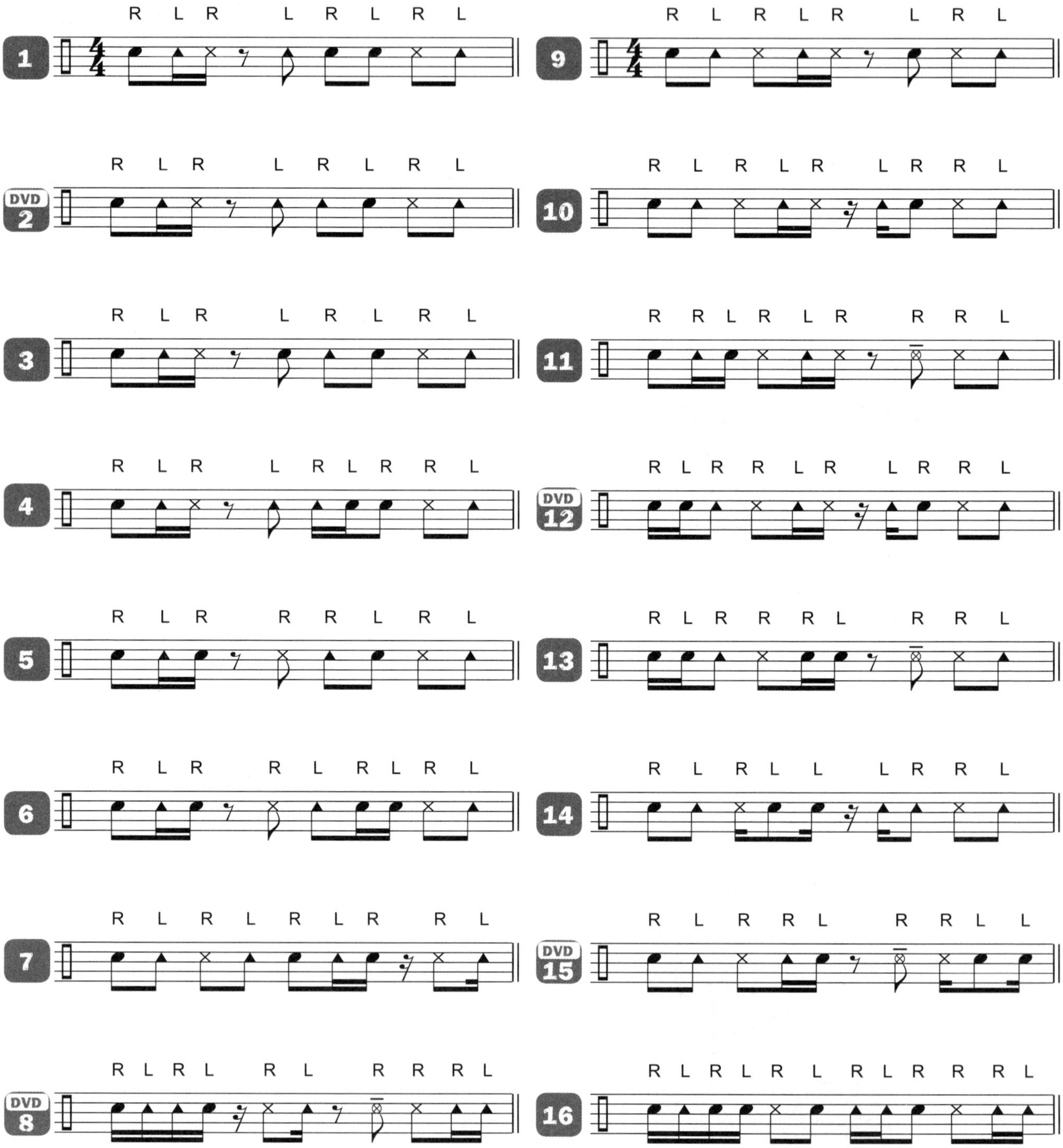

74 Body Percussion • Sounds & Rhythms

Kapitel 3 >> Grooves & Styles

Funk Version 2 im Stile von James Brown

- Bass Drum = Oberkörperpatschen
- Snare Drum = Flachhandklatschen
- Hi-Hat = Mittelfingerschnipsen
- Open Hi-Hat = Handrückenreiben
- Ghost Notes = Unterarmpatschen

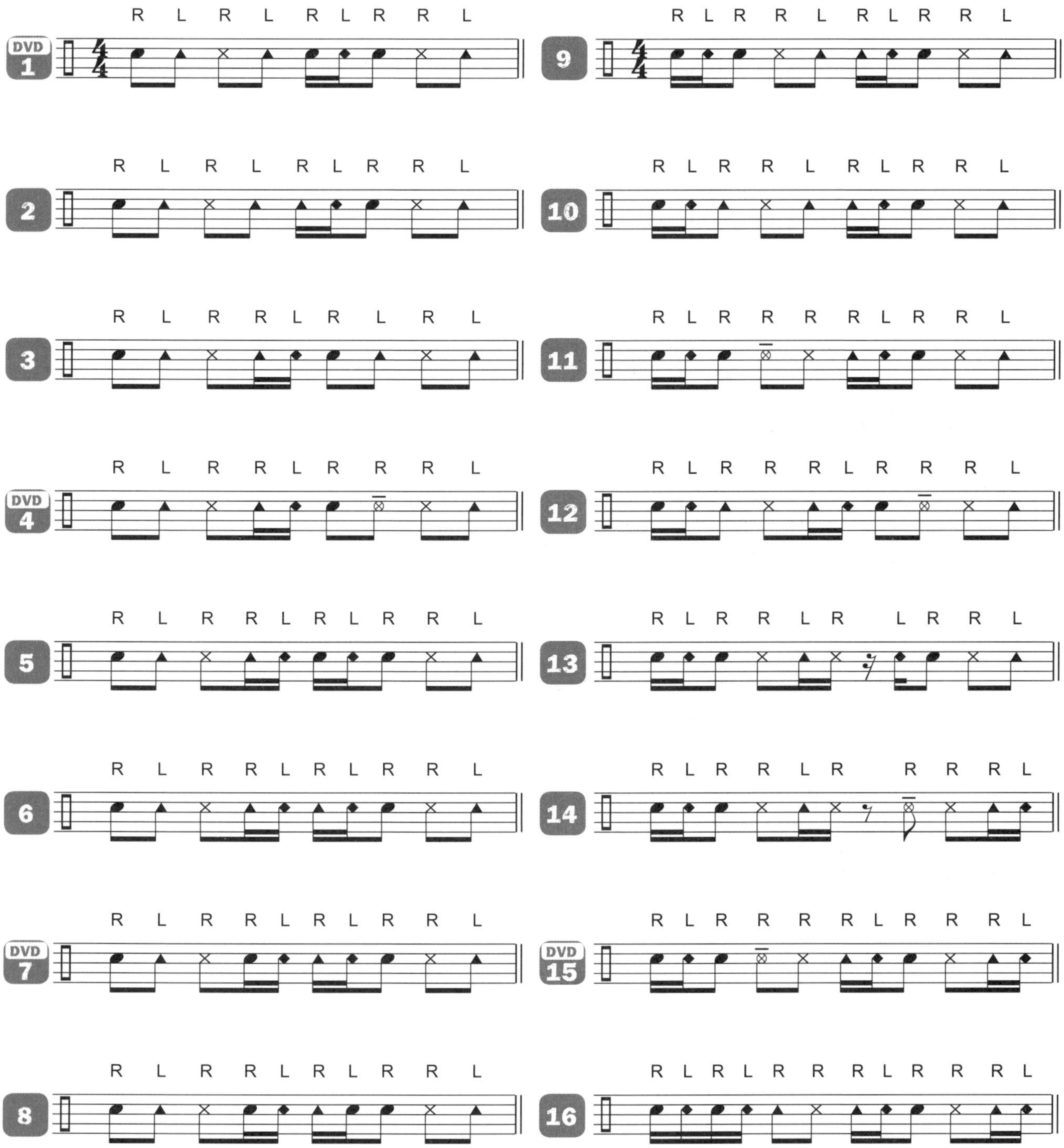

Body Percussion • Sounds & Rhythms

6. Funk

Funk Version 3

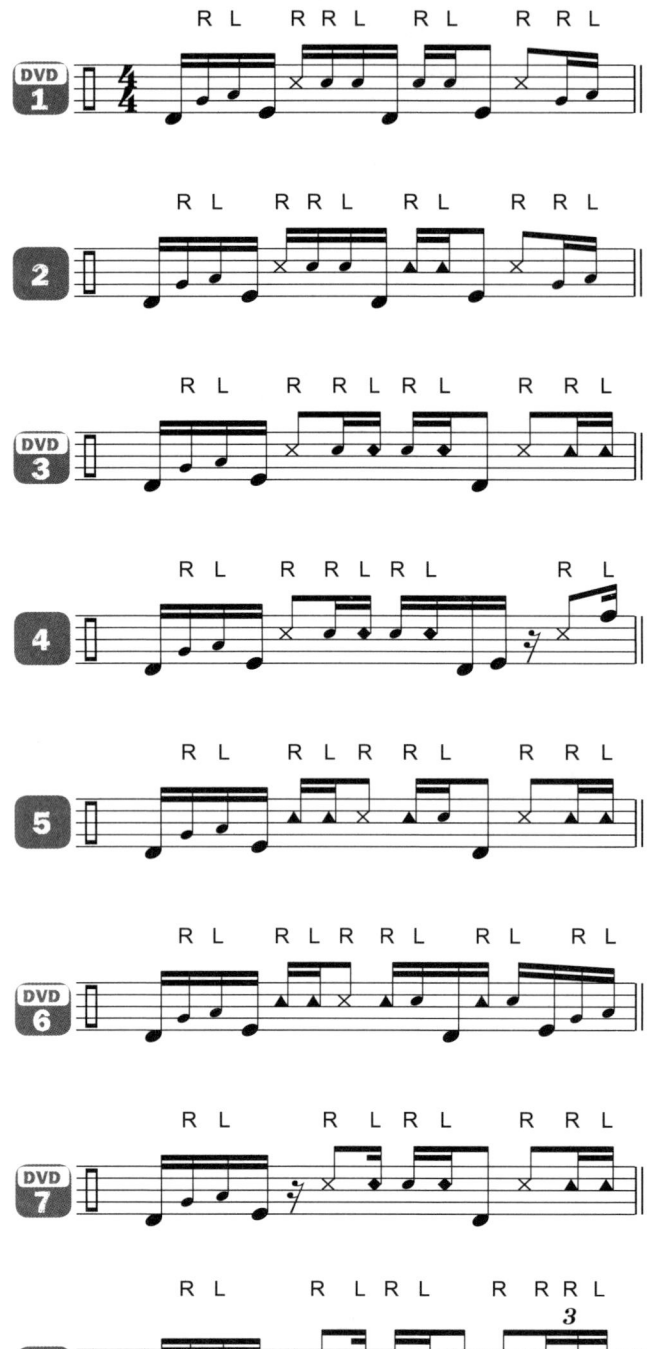
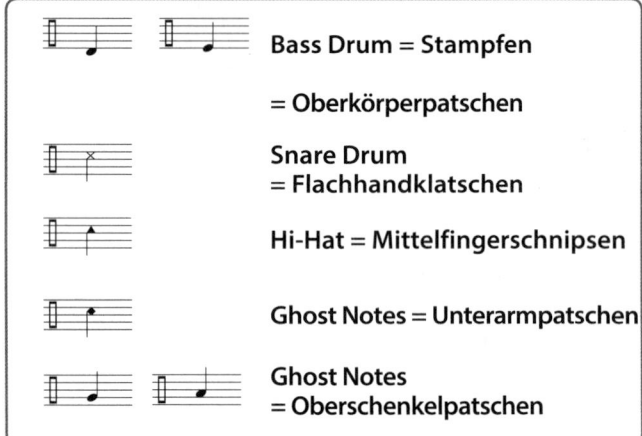

Kapitel 3 >> Grooves & Styles

Funk Fills

Songbeispiele

Die Rhythmen und Fills passen zu den folgenden Songs:

- Funky Drummer (James Brown)
- Papa's Got a Brand New Bag (James Brown)
- Sex Machine (James Brown)
- I Got the Feelin' (James Brown)
- Diggin' On James Brown (Tower of Power)
- South of the Boulevard (Tower of Power)
- High Times (Jamiroquai)
- Together (Spice)
- Too Funky (The Meters)
- Going in Circles (Maceo Parker)

Body Percussion · Sounds & Rhythms

6. Funk

Funk Songbegleitung 'Funky Music'

Kapitel 3 >> Grooves & Styles

Richard Filz

7. Samba

Es folgen zwei Stilarten der bunten Rhythmuswelt Südamerikas: **Samba** und **Baião**. Während der Samba sicher zu den bekanntesten und populärsten Rhythmen Brasiliens zählt, ist der nordbrasilianische Baião weniger bekannt. Ihm liegt die typische 3 – 3 – 2-Figur (die acht Achtel des 4/4-Taktes werden in zwei Dreier- und eine Zweiergruppe geteilt) zugrunde, die in vielen afro-karibischen, aber auch aktuellen Rhythmen wie z.B. Dancehall zu finden ist.

Im Gegensatz zu den bisher vorgestellten Rhythmen, bei denen in erster Linie ein Drummer für den Groove sorgt, werden Samba und Baião traditioneller Weise von einer ganzen Percussion-Gruppe („Batteria"), bestehend aus mehreren Instrumentengruppen (z.B. Surdo, Tamborim, Ganza, Caixa, Repinique und Agogo Bells) gespielt. Die Instrumentengruppen spielen eigene, genau aufeinander abgestimmte Rhythmen. Erst der Zusammenklang der Instrumentengruppen ergibt den Grundrhythmus.

Mit den Body Percussion-Klängen werden nun die Percussion-Instrumente imitiert, mitunter mehrere gleichzeitig. Das erfordert ein hohes Maß an Unabhängigkeit. Die Samba- und Baião-Warm-Ups sollen eine gute Vorbereitung sein. Die Rhythmen liegen wieder in mehreren Versionen, mit ansteigendem Schwierigkeitsgrad vor. Ziel ist, ein Repertoire an gut klingenden, groovigen Rhythmen und Fills zu entwickeln und eigene Songbegleitungen zu gestalten.

Kapitel 3 >> Grooves & Styles

Shaker (Ganza) entspricht:

Rechter Oberschenkel

Linker Oberschenkel

Mittelfingerschnipsen

Händereiben

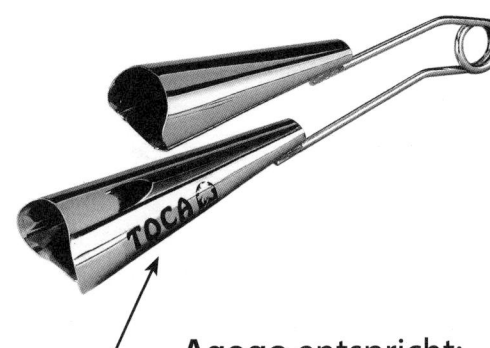

Agogo entspricht:

Zungenschnalzen tief

Zungenschnalzen hoch

Tamborim entspricht:

Wangenpatschen

Zungenschnalzen tief

Zungenschnalzen hoch

Surdo entspricht:

Oberkörperpatschen

Fußstampfen rechts

Fußstampfen links

Body Percussion • Sounds & Rhythms

7. Samba

Samba Warm-Ups

Ostinati

„Achtel-Workout" (*Seite 43*) mit der linken Hand spielen (patschen, schnipsen).

„Achtel-Workout" mit der Silbe „ta" singen oder als Zungenschnalz-Übung ausführen.

Übetipps!

- Ostinato-Rhythmus auswählen und ständig wiederholen.
- In langsamem Tempo beginnen **60 bpm** (oder langsamer).
- Während der Ostinato-Rhythmus läuft, die Übung „Achtel-Workout" (S. 43) Takt für Takt auf der Silbe „ta" singen und so lange wiederholen, bis sich die Übung gut anfühlt!

- „Achtel-Workout" mit den vorgeschlagenen Gliedmaßen als Body- oder Snap-Sound spielen bzw. als Zungenschnalzübung ausführen.
- Nach 4, 2 oder 1 Takt zum nächsten wechseln.
- Mit Metronom oder Musikbegleitung üben!
- Locker und entspannt bleiben!

Kapitel 3 >> Grooves & Styles

Händereiben mit Akzenten

Shaker lassen sich sehr schön mit Händereibbewegungen nachmachen. Traditionellerweise werden verschiedene Akzentpattern gespielt.

Bei **Rhythmus 1** ist in erster Linie die rechte Hand aktiv. Die Bewegung zum Körper auf der „1+" und „3+" fällt größer aus (s.u.). Die rechte Hand hebt dabei ab und trifft bei der „2" und „4" mit einem Akzent auf.

Bei **Rhythmus 2** kommt die linke Hand ins Spiel. Die rechte Hand führt bei den ersten 3 Achteln eine Reibebewegung wie gewohnt aus. Auf der „2+" werden beide Hände gedreht, die linke Hand hebt kurz ab, ist für kurze Zeit oben und reibt an der rechten Hand. Auf der „3" bzw. „1" werden beide Hände wieder in die Ausgangsposition zurückgedreht.

Shaker 1

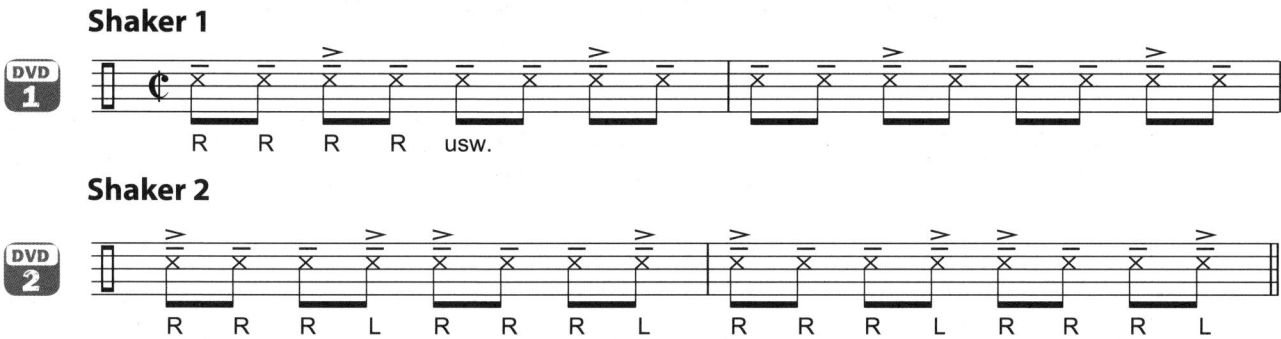

Shaker 2

Shaker Rhythmus 1

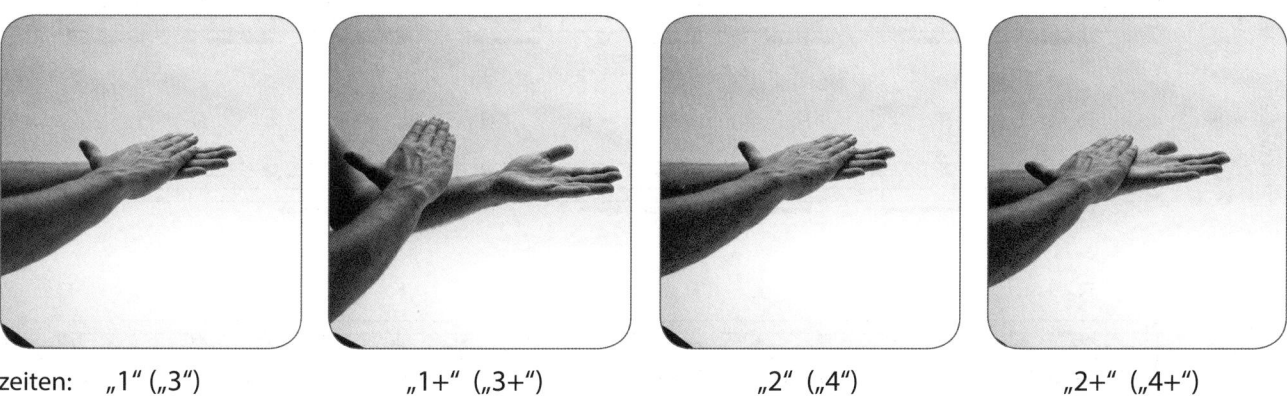

Zählzeiten: „1" („3")   „1+" („3+")   „2" („4")   „2+" („4+")

Shaker Rhythmus 2

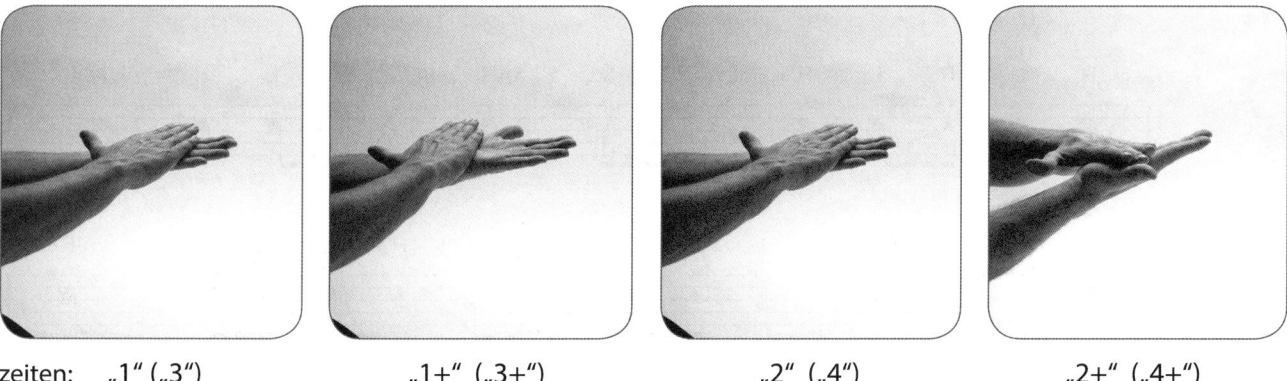

Zählzeiten: „1" („3")   „1+" („3+")   „2" („4")   „2+" („4+")

Body Percussion • Sounds & Rhythms   83

7. Samba

Samba Version 1

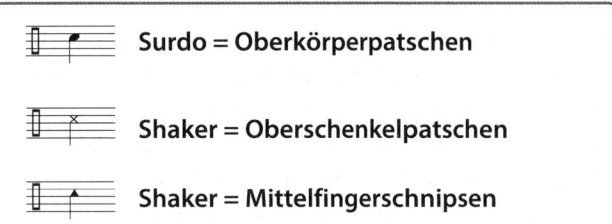

- Surdo = Oberkörperpatschen
- Shaker = Oberschenkelpatschen
- Shaker = Mittelfingerschnipsen

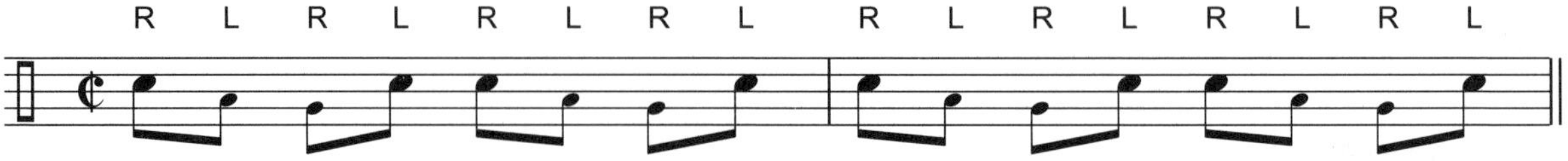

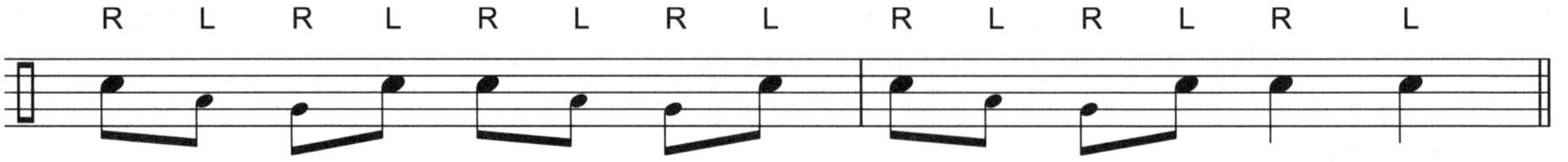

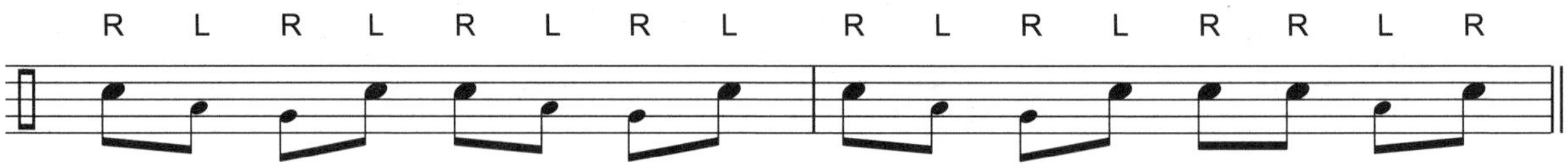

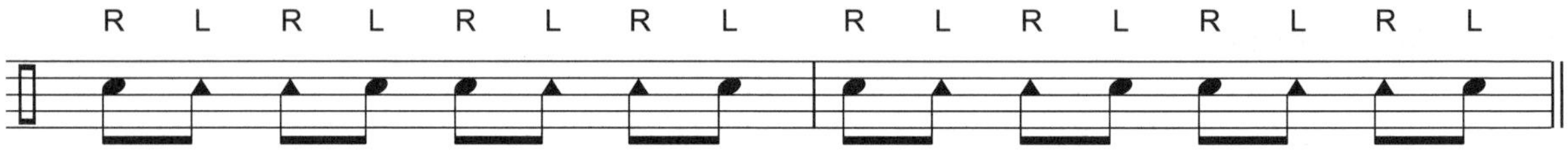

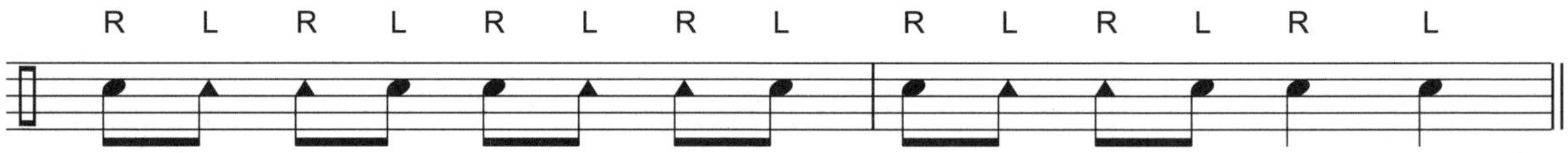

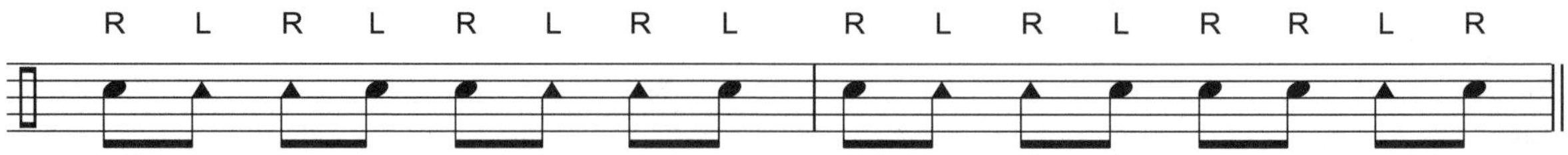

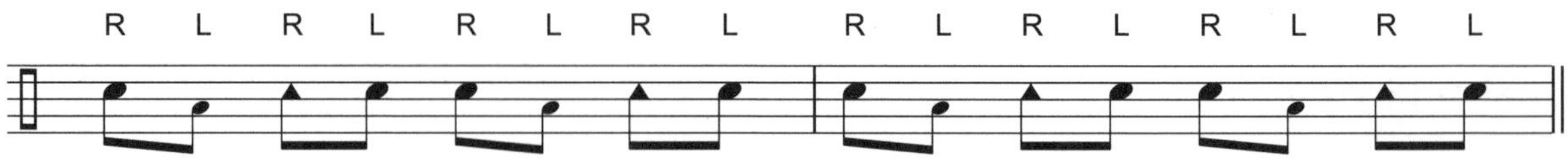

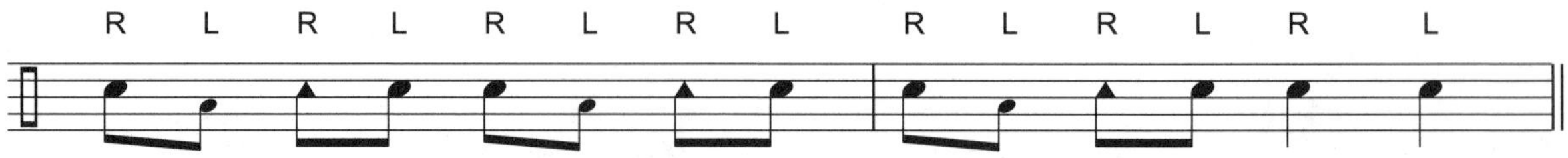

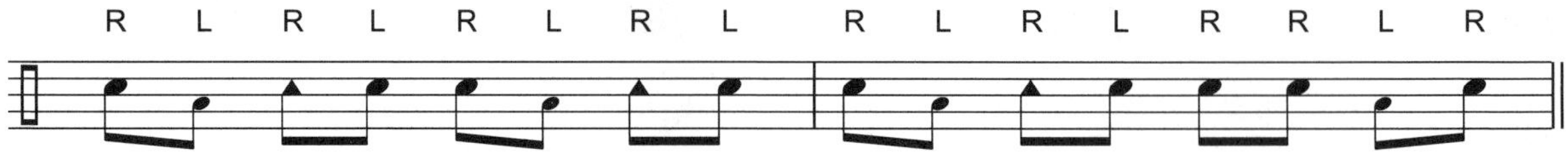

Kapitel 3 >> Grooves & Styles

Samba Version 2

- Surdo = Stampfen
- Surdo = Oberkörperpatschen
- Shaker = Mittelfingerschnipsen
- Tamborim = Zungenschnalzen
- Agogo Bells = Zungenschnalzen

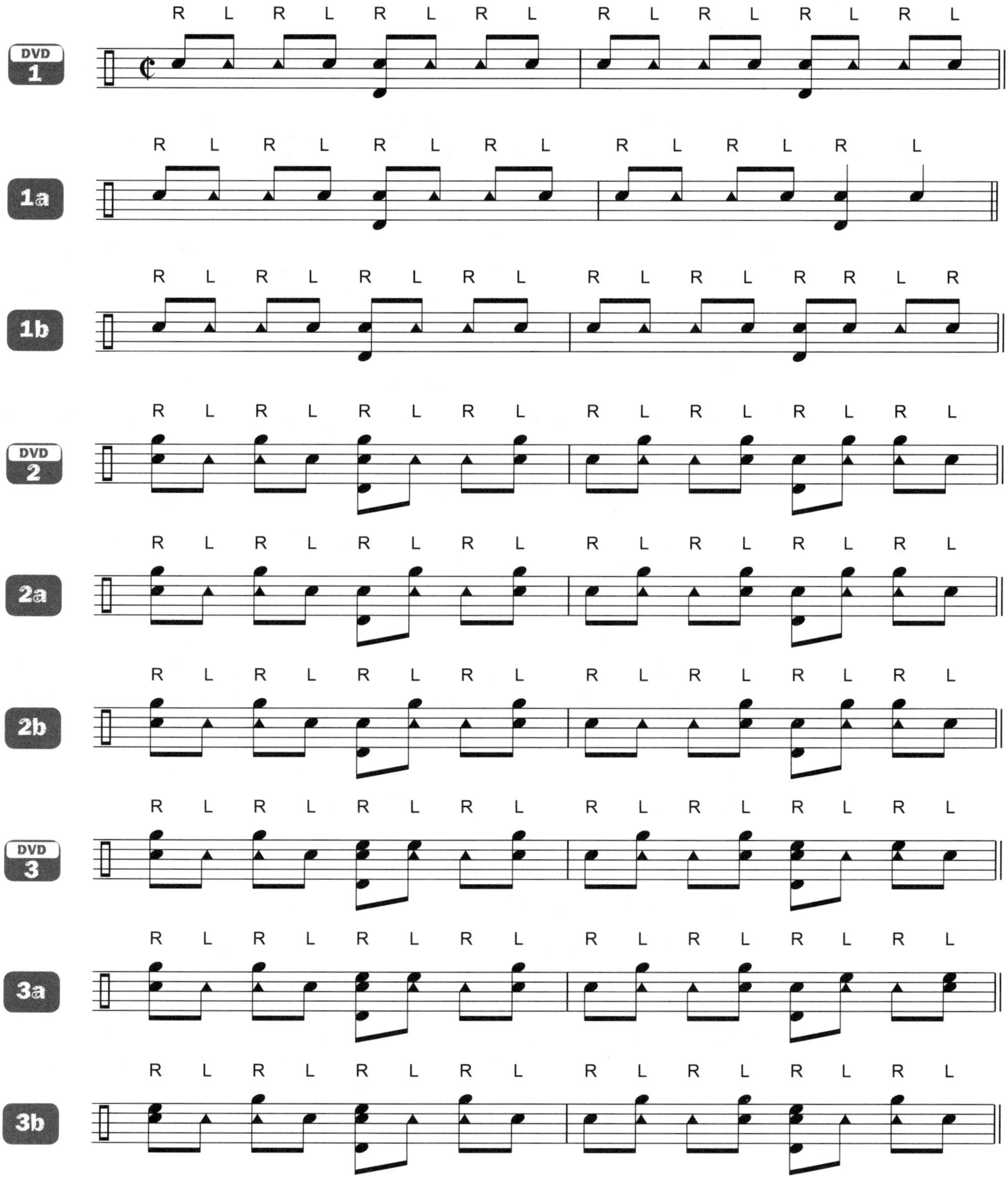

Alternativ können Stomp-Sounds im Halbe-Rhythmus auf „1" und „3" gespielt werden.

7. Samba

Samba Version 3

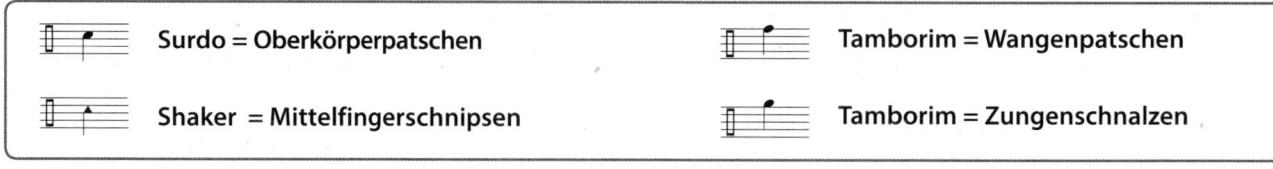

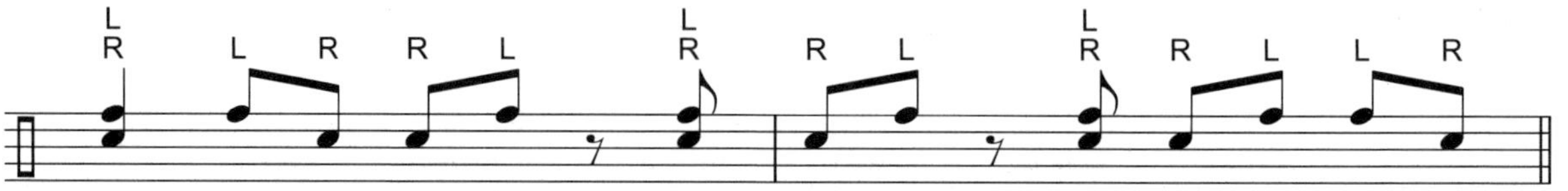

Kapitel 3 >> Grooves & Styles

Samba Version 4

- Surdo = Stampfen
- Shaker = Händereiben
- Tamborim = Zungenschnalzen

Alternativ können Stomp-Sounds im Halbe-Rhythmus auf „1" und „3" gespielt werden.

7. Samba

Samba Fills

Diese Fills passen am besten zu Samba Version 1 und 2. Werden die Samba-Rhythmen und -Fills miteinander verbunden, wird das Fill immer im zweiten Takt gespielt!

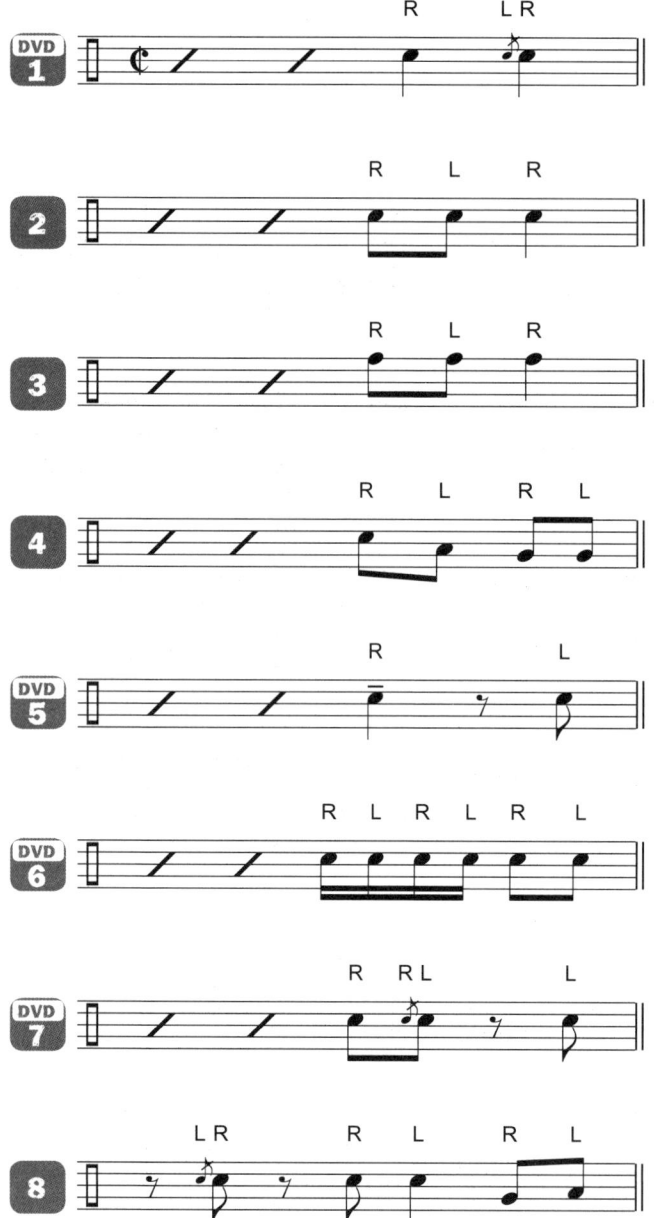

Songbeispiele

Die Samba-Rhythmen und -Fills können zu den folgenden Songs gespielt werden:
- *Brazil (Antonio Carlos Jobim)*
- *Girl from Ipanema (Antonio Carlos Jobim)*
- *One Note Samba (Antonio Carlos Jobim)*
- *Wave (Antonio Carlos Jobim)*
- *Agua de Beber (Antonio Carlos Jobim)*
- *Mas Que Nada (Sergio Mendes)*
- *Timeless (Sergio Mendes)*
- *Africa (Toto)*
- *It's Probably Me (Sting)*
- *Quando, Quando, Quando (Michael Bublé)*

7. Samba

Samba Songbegleitung 'Samba '11'

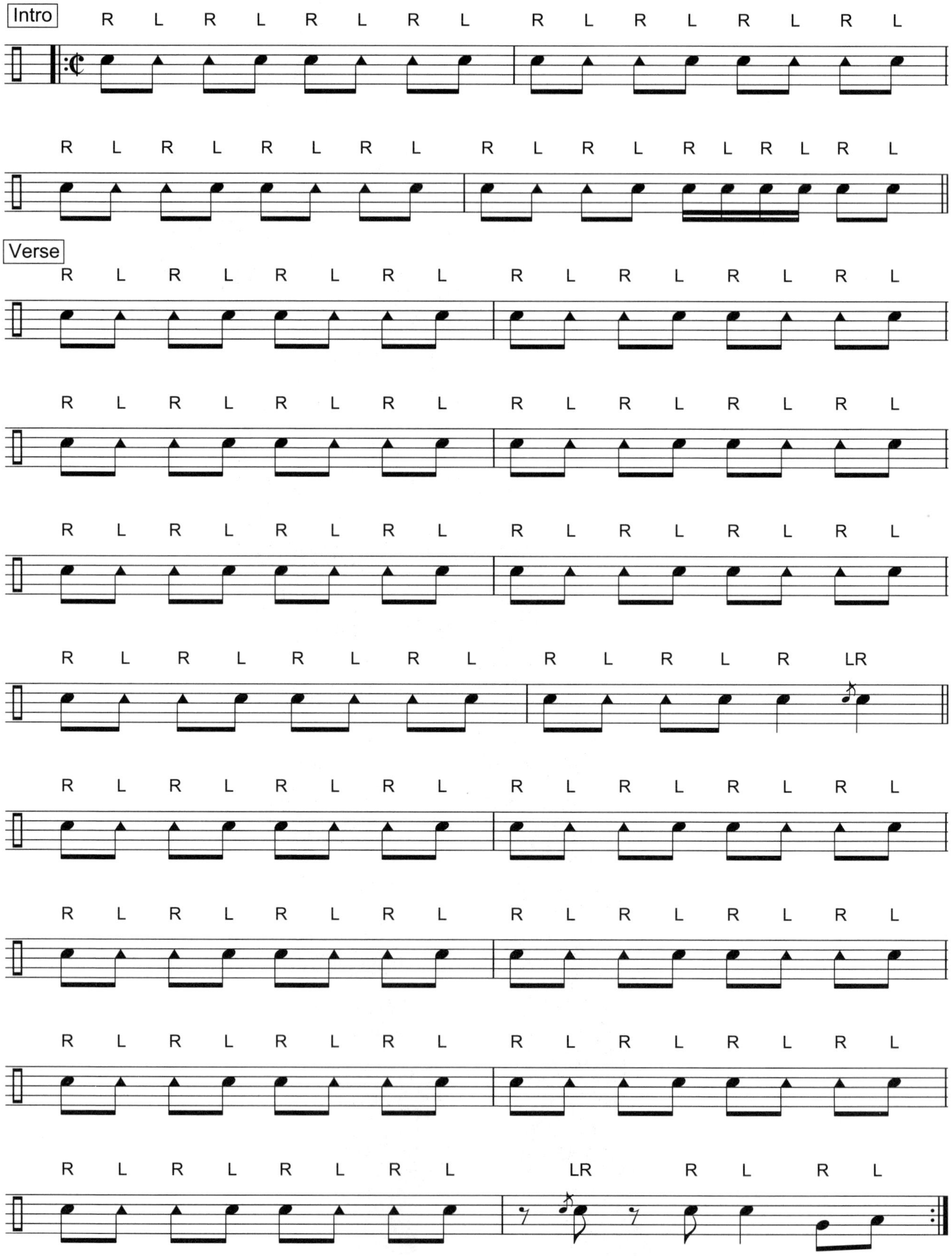

Kapitel 3 >> Grooves & Styles

Richard Filz

8. Baião

Baião Warm-Ups

Ostinati

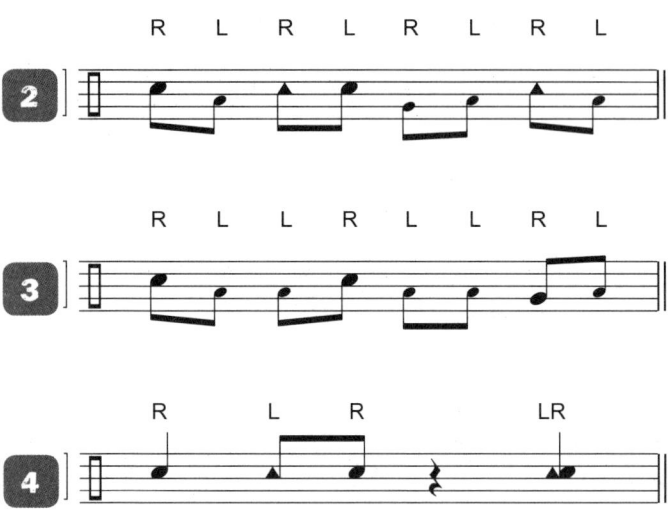

„Achtel-Workout" mit der Silbe „ta" singen oder als Zungenschnalz-Übung ausführen.

Übetipps!

- Ostinato-Rhythmus auswählen und ständig wiederholen.
- In langsamem Tempo beginnen **60 bpm** (oder langsamer).
- Während der Ostinato-Rhythmus läuft, die Übung „Achtel-Workout" (S. 43) Takt für Takt auf der Silbe „ta" singen und so lange wiederholen, bis sich die Übung gut anfühlt!
- „Achtel-Workout" mit den vorgeschlagenen Gliedmaßen als Body- oder Snap-Sound spielen bzw. als Zungenschnalzübung ausführen.
- Nach 4, 2 oder 1 Takt zum nächsten wechseln.
- Mit Metronom oder Musikbegleitung üben!
- Locker und entspannt bleiben!

Kapitel 3 >> Grooves & Styles

Baião Version 1

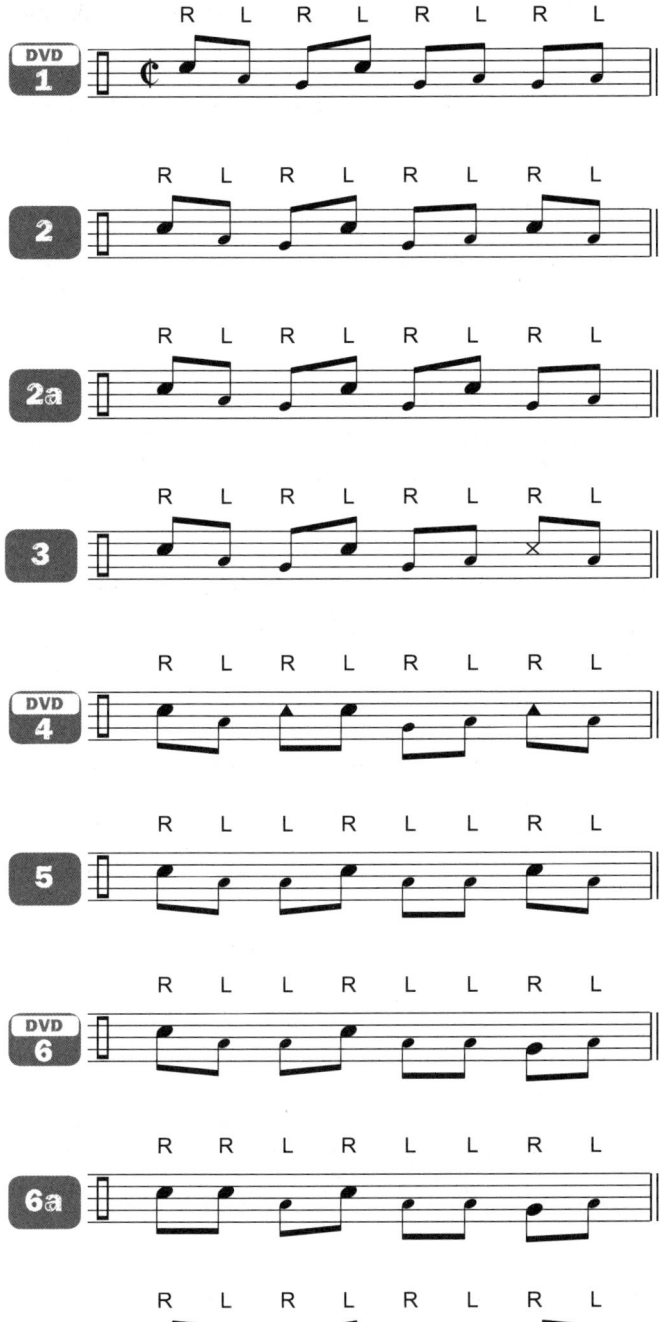

- Surdo = Oberkörperpatschen
- Shaker = Oberschenkelpatschen
- Shaker = Mittelfingerschnipsen

„Crossing Baião"

Body Percussion • Sounds & Rhythms

8. Baião

Baião Version 2

- Surdo = Oberkörperpatschen
- Tamborim = Zungenschnalzen
- Shaker = Mittelfingerschnipsen
- Shaker = Oberschenkelpatschen

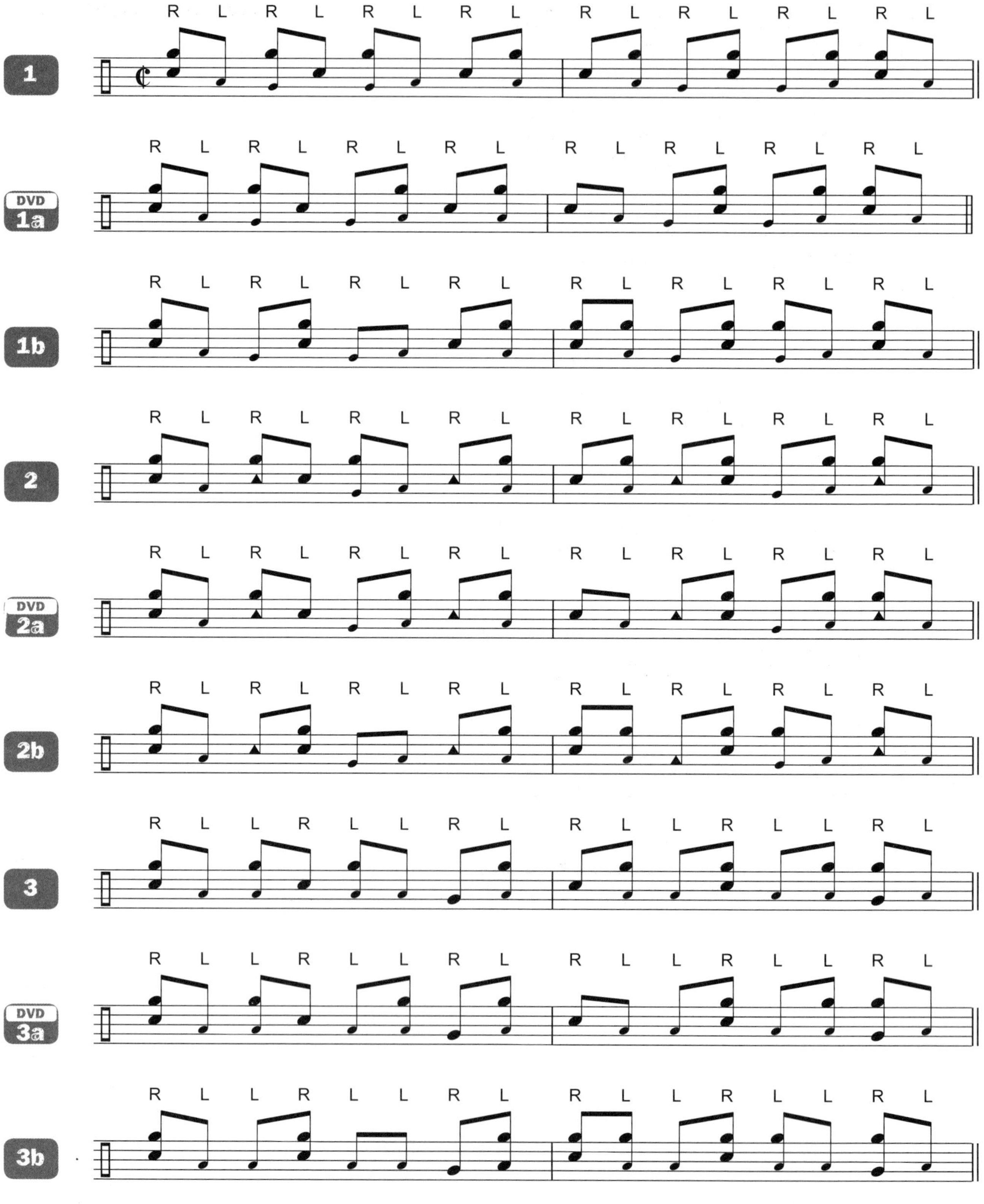

94   Body Percussion • Sounds & Rhythms

Kapitel 3 >> Grooves & Styles

Baião Version 3

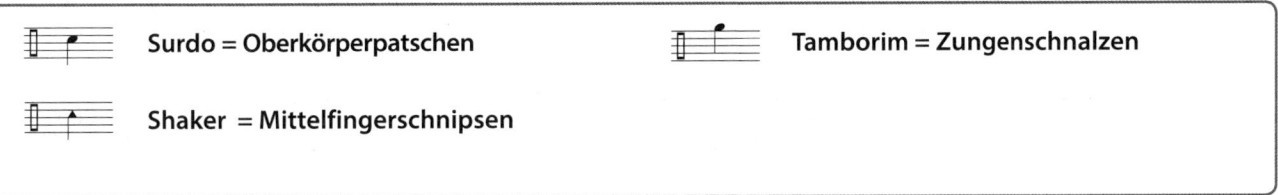

Baião Version 4

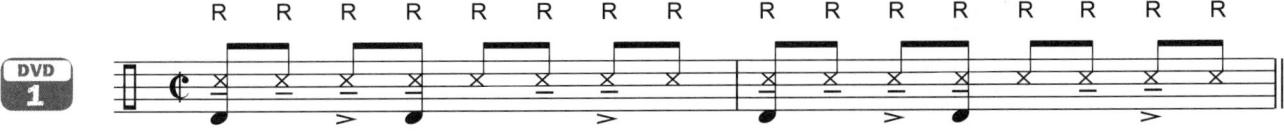

Stomp-Sounds mit dem rechten oder linken Fuß bzw. abwechselnd spielen.

8. Baião

Baião Fills

Das Baião Groove-Repertoire wird noch durch passende Fills ergänzt, doch zuvor wird noch ein neuer Body Percussion-Klang, das **Mundtrommeln** vorgestellt, das gleich bei den Fills angewendet werden wird.

Mundtrommeln

Ähnlich dem Wangentrommeln wird beim Mundtrommeln mit der gestreckten Vorderhand auf den geöffneten Mund getrommelt. Die Lippen werden zu einem „Kussmund" geformt und gespannt. Mit einer lockeren, federnden Trommelbewegung wird auf den Mund geschlagen (nicht zu fest!). Nach dem Schlag verlässt die Hand sofort wieder den Mund. Durch verschiedene Mundformen kann die Tonhöhe variiert werden.

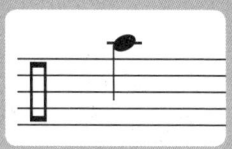

Mundtrommel Übungen

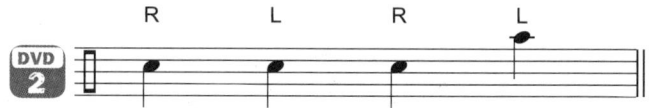

Kapitel 3 >> Grooves & Styles

Baião Fills

(Notation exercises 1–16)

Songbeispiele

Die Baião-Rhythmen und -Fills eignen sich zum Begleiten der folgenden Songs:

- Un Poquito Canto (Trad.)
- Baião da Penha (Gilberto Gil)
- De Onde Vem O Baião (Ito Moreno)
- Baião de Dois (Marco Lobo)
- Baiao Agrario (Luiz Gonzaga)

- Never Let Me Go (Shaggy)
- Waka Waka (Shakira)
- Turn Me On (Kevin Lyttle)
- My Name (Sean Paul)
- Your Love (Wyclef Jean)

8. Baião

Baião Songbegleitung 'Baião para ti'

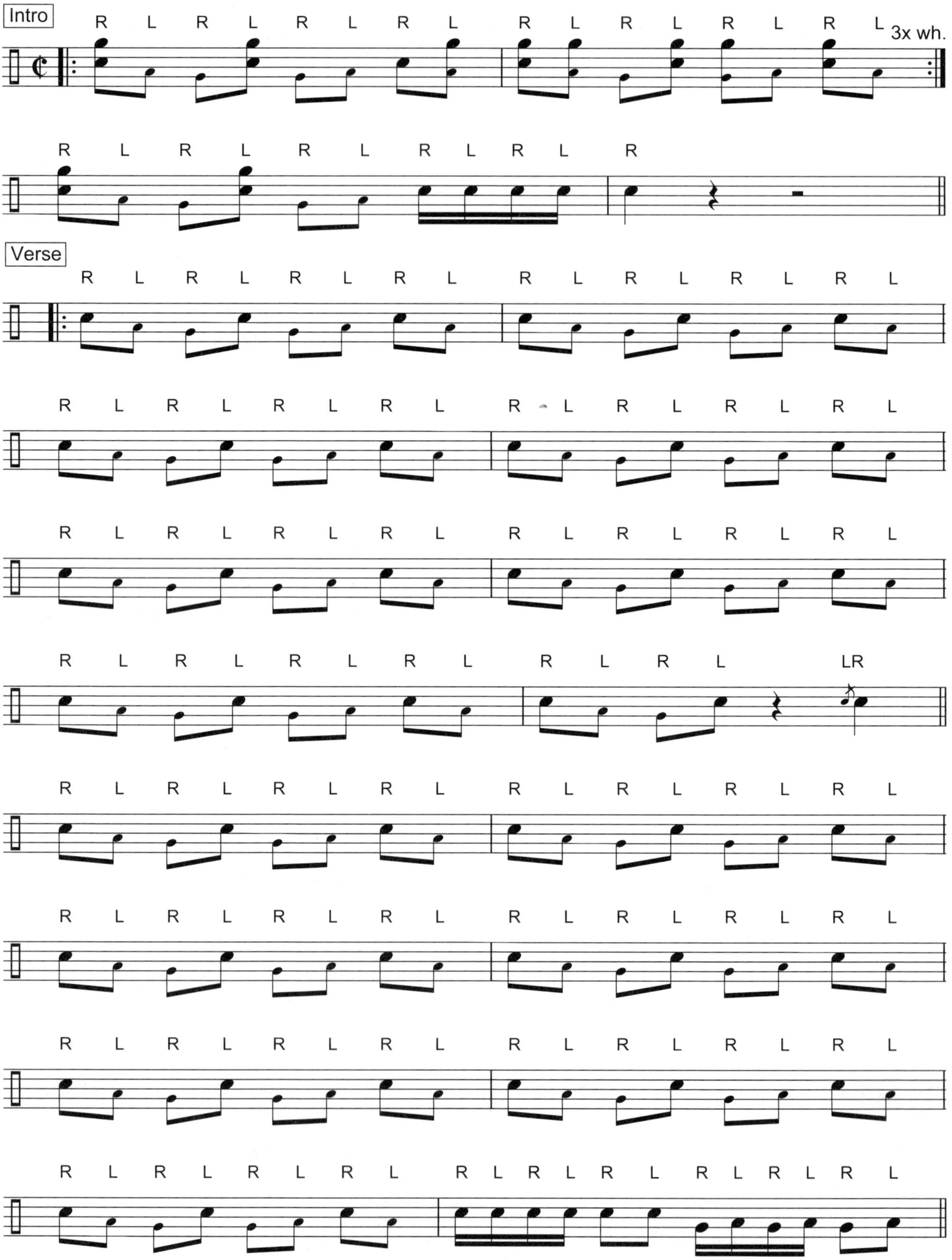

(sheet music)

Body Percussion • Sounds & Rhythms

© Copyright 2011 by Alfred Music Publishing GmbH, Germany

Kapitel 3 >> Grooves & Styles

Richard Filz

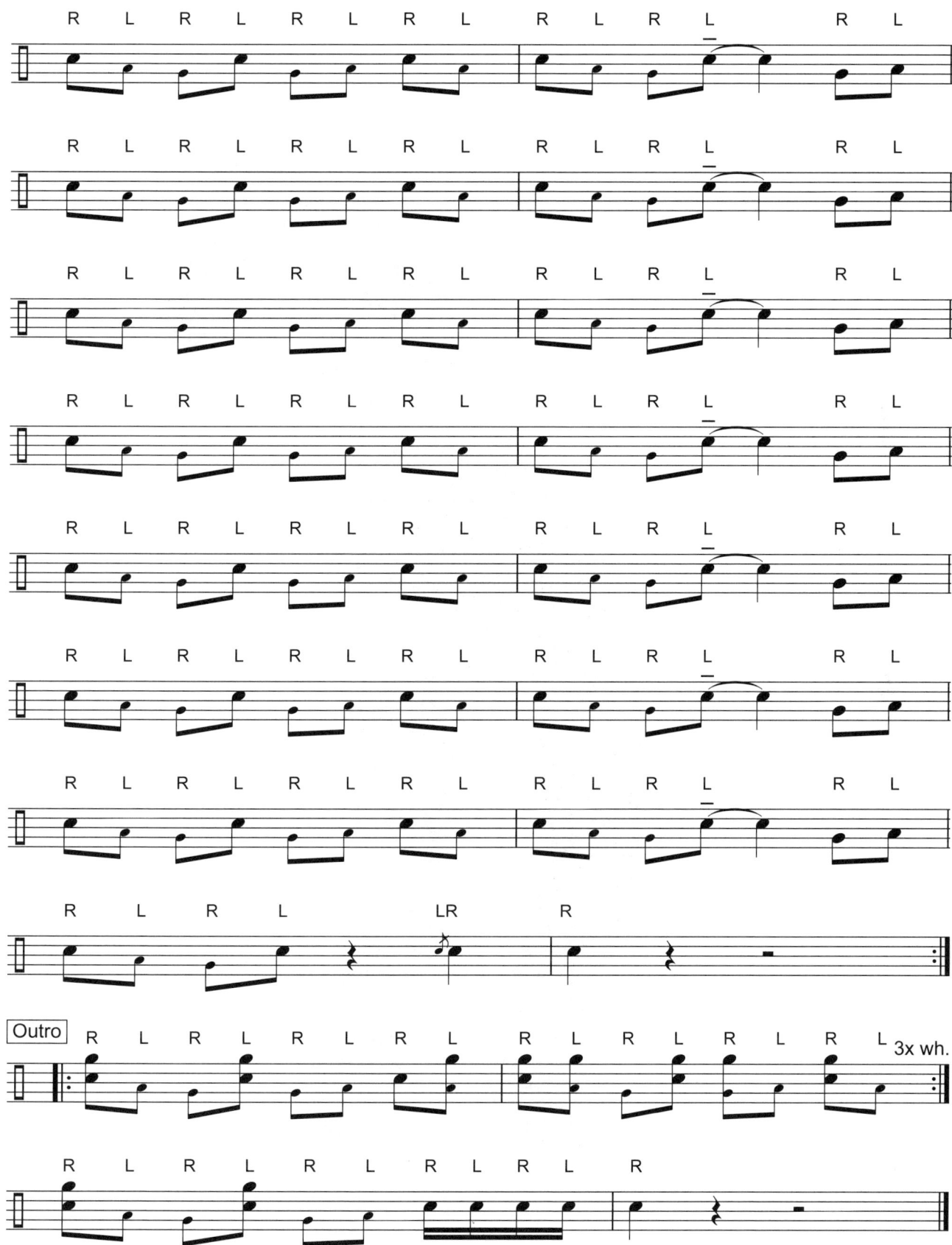

Body Percussion Solos

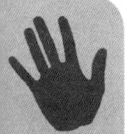

Kapitel 4 >> Body Percussion Solos

Die kreative, musikalische Anwendung des in *Kapitel 3* vorgestellten Materials steht nun im Mittelpunkt. Anhand von **sechs Solostücken** mit unterschiedlichen Schwierigkeitsgraden, von einfach bis raffiniert, wird gezeigt wie Rhythmen, Variationen und Fills zu bühnentauglichen Stücken zusammengesetzt werden können. Die eigene Kreativität und die weitere Auseinandersetzung mit den Klängen und Techniken sollen angeregt werden.

Eigene Ideen kann man auch bei den Abläufen der Stücke einbringen. Beliebige Wiederholungen, sowie längere Solo-Teile können eingefügt werden. Passagen, die nicht machbar erscheinen, können einfach weggelassen oder durch andere ersetzt werden. Sollten die Stücke einmal aufgeführt werden, sind Dynamik, Spaß und Freude die wichtigsten Zutaten. Gutes Gelingen!

Übetipps!

- *Die Soli auf der beiliegenden DVD ansehen.*
- *Takt für Takt in langsamem Tempo erarbeiten, allmählich das Tempo steigern.*
- *Teile beliebig wiederholen und eine eigene Performance-Version (sitzend oder stehend) gestalten. Dynamik nicht vergessen!*

Body Percussion Solos

'Rock Steady'
Richard Filz

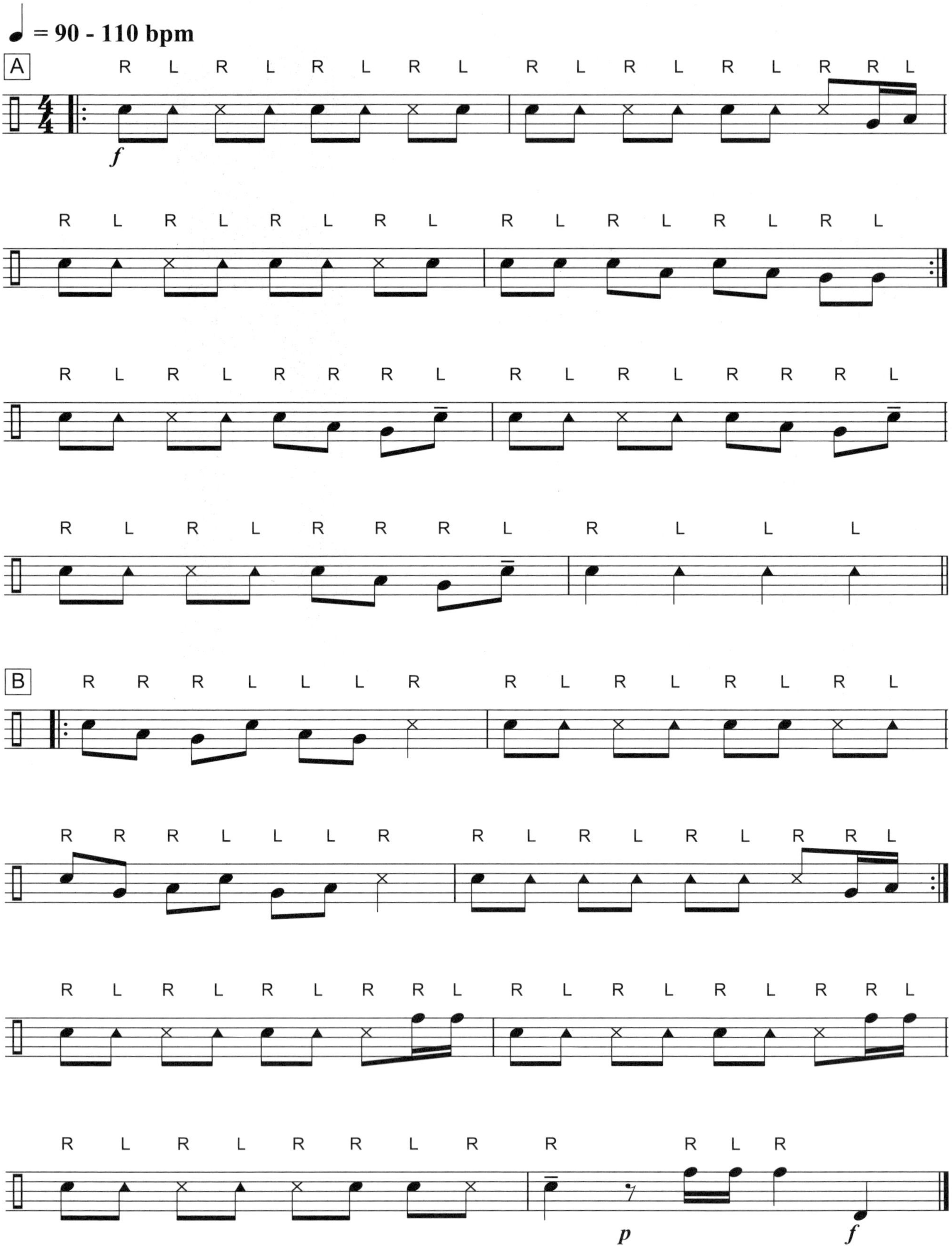

♩ = 90 - 110 bpm

Kapitel 4 >> Body Percussion Solos

'Bodydrum'
Richard Filz

Body Percussion Solos

DVD 'Click Track'

♩ = 100 - 110 bpm

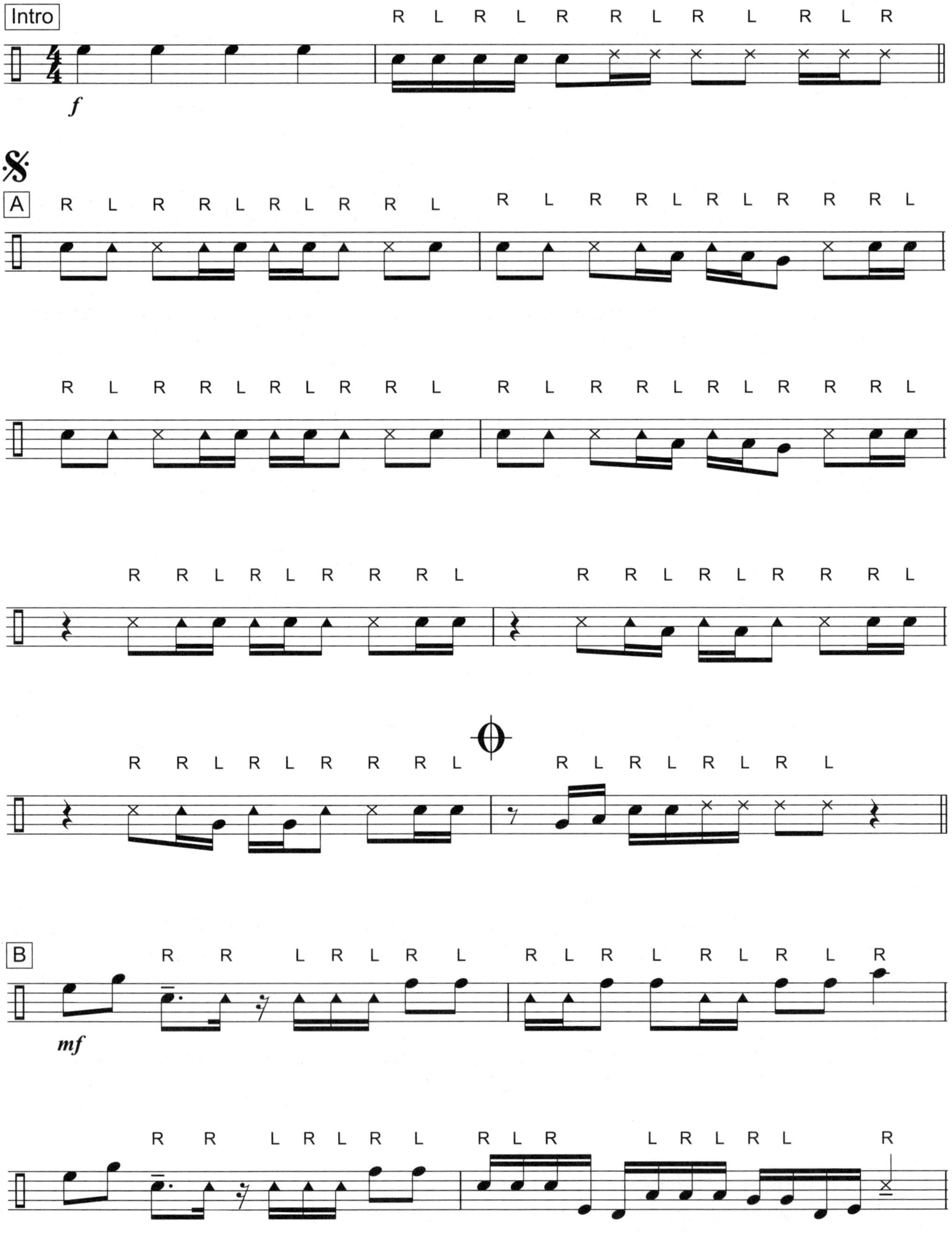

Intro ... (musical notation with sticking: R L R L R R L R L R L R)

f

A ... (R L R R L R L R R L | R L R R L R L R R L)

(R L R R L R L R R L | R L R R L R L R R L)

(R R L R L R R L | R R L R L R R L)

(R R L R L R R L | R L R L R L L)

B ... (R R L R L R L | R L R L R L R)

mf

(R R L R L R L | R L R L R L R L R)

© Copyright 2011 by Alfred Music Publishing GmbH, Germany

104 Body Percussion • Sounds & Rhythms

Kapitel 4 >> Body Percussion Solos

Richard Filz

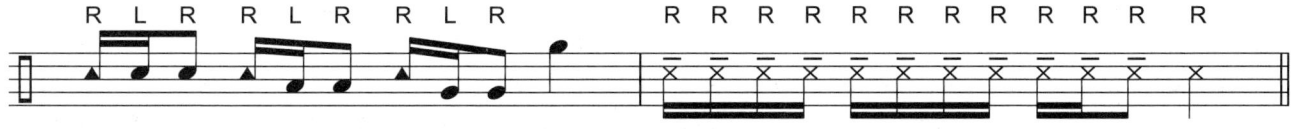

Solo ad lib. *beliebig wh.*

D.S. al Coda

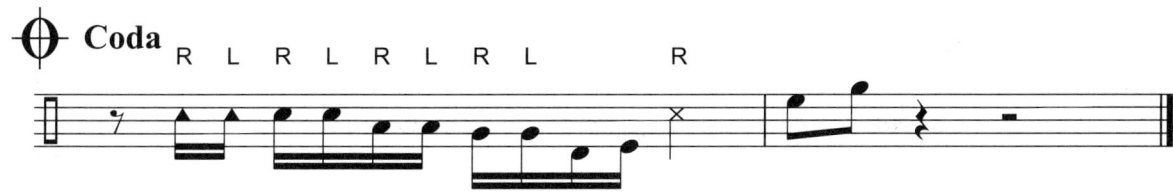

Body Percussion Solos

'Bodytalk' (für einen rappenden Body Percussionisten)

♩ = 90 - 105 bpm

© Copyright 2011 by Alfred Music Publishing GmbH, Germany

Kapitel 4 >> Body Percussion Solos

Richard Filz

Body Percussion Solos

'Hot Stuff'

♩ = 100 - 115 bpm

Kapitel 4 >> Body Percussion Solos

Richard Filz

Body Percussion Solos

'Bodydance'

Dieses Samba/Baiao-Solostück ist eine echte Herausforderung: Unabhängigkeit, Schnelligkeit und Technik sind gefragt. Es beinhaltet auch einen neuen Body Percussion Klang, der an dieser Stelle vorgestellt wird.

Handrückenklatschen

Beim Handrückenklatschen wird mit der flachen Hand auf den Handrücken der anderen geschlagen. Dabei entsteht ein kurzer, heller Klang.

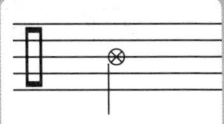

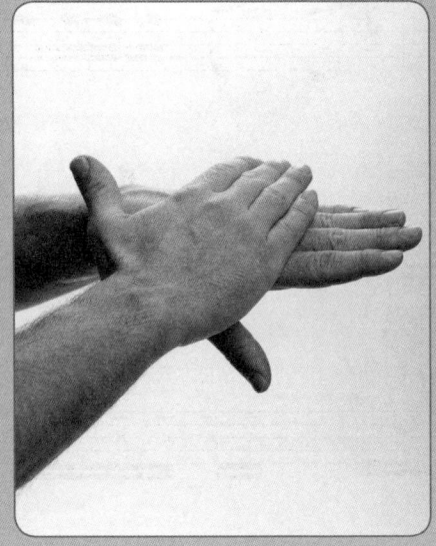

Handrückenklatschen

Die Up-Down Technik

Die besondere Positionierung beider Hände über dem linken (bzw. bei den Übungen 2 und 3 über dem linken und rechten) Oberschenkel ermöglicht das Spielen schneller Rhythmusfiguren.

Up-Down Technikübungen

Body Percussion • Sounds & Rhythms

Alfred Music Publishing
LEARN • TEACH • PLAY

Kapitel 4 >> Body Percussion Solos

'Bodydance'
Richard Filz

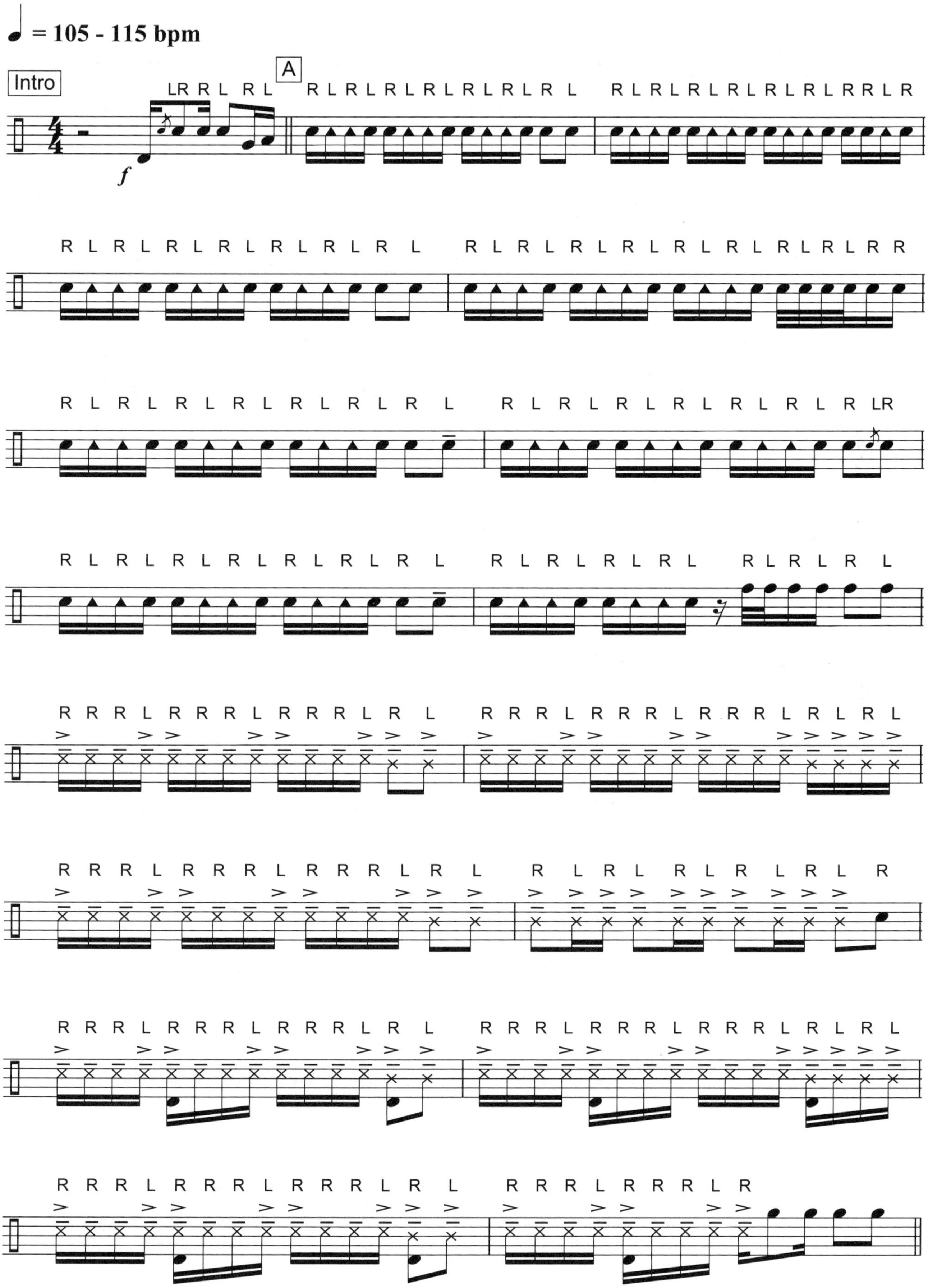

♩ = 105 - 115 bpm

Body Percussion Solos

'Bodydance' (Forts.)

Body Percussion • Sounds & Rhythms

Kapitel 4 >> Body Percussion Solos

Richard Filz

Body Percussion Group

Body Percussion zählt wohl zu den geeignetsten „Instrumenten" für das Gruppen- und Klassenmusizieren. Es gibt weder verstimmte, noch zu laute Instrumente, man muss keine schweren Instrumente schleppen und man kann sofort loslegen. Rhythmus und Groove werden unmittelbar erlebt und gespürt, die Bewegungen machen Spaß und das Zusammenspiel macht gute Laune. „Nebenbei" werden wesentliche rhythmische und musikalische Grundkompetenzen geschult. Alle vorgestellten Übungen, Rhythmen, Variationen, Fills und sogar die Solostücke eignen sich für das Gruppen- bzw. Klassenmusizieren. Auf den folgenden Seiten finden Sie viele Tipps, wie das Material für die Gruppenarbeit aufbereitet werden kann.

Tipps für die Arbeit mit Gruppen

Rhythmusarbeit mit Gruppen muss immer auf die Fähigkeiten, Bedürfnisse und das Alter der Teilnehmer abgestimmt werden. Spielerisches Üben und Lernen ist nicht nur für Kinder, sondern auch für Erwachsene ein motivierender Weg, sich neue Fähigkeiten anzueignen. Deshalb wird auch eine Reihe von Spielen vorgestellt. Die altersspezifische Anpassung obliegt den erfahrenen Händen des Pädagogen[1]. Alle Übungen und Spiele werden im Sitz- bzw. Stehkreis gespielt.

Kapitel 1: Basics (Seite 8ff.)

■ Einführen der Klänge durch Vor- und Nachmachen

Der Spielleiter spielt verschiedene Rhythmen (Beispiele 1 – 4) mit einem Klang (z.B. Oberkörperpatschen) vor. Die Gruppe spielt Takt für Takt nach. Sind alle Body Sounds vorgestellt und besprochen, können die Klänge (z.B. Oberkörper-, Hüft- und Oberschenkelpatschen) gemischt werden. Wenn der Ablauf des Vor- und Nachmachens („Call & Response") klar ist, darf jeder einen Takt vormachen, den die Gruppe nachspielt.

Beispiele:

Spielvarianten:

Der Rhythmus wandert im Kreis: der Spielleiter spielt einen Rhythmus mit einer bestimmten Klangfolge vor, der von einem Spieler zum nächsten im Kreis wandert. Wichtig ist dabei, dass jeder den Rhythmus gleich auf der nächsten Zählzeit „1" beginnt. Wenn das gut funktioniert, kann gleichzeitig noch ein zweiter oder sogar dritter Rhythmus im Kreis wandern.

■ Klangratespiel

Die Gruppe sitzt mit dem Rücken zum Spielleiter oder schließt die Augen. Der Spielleiter spielt einen Klang (z.B. Hüftpatschen oder Fingerklatschen) und die Gruppe errät, welcher Klang gespielt wurde. Dann darf jeder mal die Rolle des Spielleiters übernehmen.

■ Dirigierspiel

Es werden drei bis vier Gruppen gebildet, die sich auf je einen Klang einigen, z.B. Oberkörperpatschen, Flachhandklatschen und Mittelfingerschnipsen. In der Kreismitte steht der Dirigent. Mit Handbewegungen z.B. kurzes Heben und Senken der Hand in Richtung einer Gruppe gibt er das Zeichen zum Spielen des vorher vereinbarten Klanges. Anfangs können die Einsätze im freien Tempo gegeben werden. Später sollen die Einsätze genau im Tempo erfolgen. So können eigene Body Percussion-Rhythmen entstehen.

---

[1] *Der besseren Lesbarkeit wegen wird nur die maskuline Form geschrieben. Selbstverständlich sind Pädagoginnen und Pädagogen gemeint.*

Kapitel 5 >> Body Percussion Group

Spielvarianten:
Die Gruppen vereinbaren kurze Rhythmussequenzen, die immer möglichst gleich auf Einsatz des Dirigenten ablaufen. Eine weitere Gruppe begleitet mit einem gleich bleibenden Body Percussion-Rhythmus.

■ **Klangreaktionsspiel**
Der Spielleiter ruft einen Klang, z.B. „rechter Oberschenkel", und die Gruppe spielt unmittelbar darauf einen Schlag auf dem rechten Oberschenkel.

Spielvarianten:
Ruft der Spielleiter einen bestimmten Klang, wird eine vorher vereinbarte Rhythmussequenz auf dem entsprechenden Klang gespielt: z.B. folgt auf den Ruf „rechter Oberschenkel":

Als weitere Variante kann eine „Body Percussion-Geheimsprache" eingeführt werden, z.B. „Ok" = Oberkörper, „Wa" = Wange. Ruft der Spielleiter ein bestimmtes „Geheimwort" folgt der Klang oder die vorher vereinbarte Rhythmussequenz.

■ **Drum Circle**
Es werden vier Gruppen gebildet. Jede Gruppe spielt einen Takt der Übung (z.B. die Takte 5, 7, 10, 16 von *Seite 13 „Hand-to-hand: Viertel, Achtel, Sechzehntel und Pausen"*) und wiederholt ihn ständig. Die vier Takte sind die Basis für verschiedene Drum Circle-Aktivitäten (*vgl. Kalani, Together in Rhythm, Alfred Music Publishing GmbH*), wie z.B. Stoppen und wieder Starten von Gruppen, Einfügen von Breaks (vorher vereinbart oder auf Zeichen 1, 2, 3 oder 4 Schläge) sowie Wirbeln, Call & Response-Teile mit einer der Gruppen.

Spielvarianten:
Als Basis der Circles können Takte aus vier verschiedenen Übungen verwendet werden, wie z.B.:
Seite 14, Takt 13 „*Hand-to-hand: Viertel, Achtel, Sechzehntel, Punktierte und Pausen*",
Seite 22, Takt 11, „*Clap-Sounds Übungen*",
Seite 29, Takt 3 „*Händereiben Pendel*",
Seite 31, Takt 14 „*Stomp Sounds Übungen*".

Body Percussion Group

Kapitel 2: Warm-Ups (Seite 33ff.)

■ Spielen mit Rhythmen, Merktexten und Aufteilungen

Zunächst wird gemeinsam zu einem Übungstakt ein Merktext erfunden (z.B. die Takte 3, 5, 7, 12 von *Seite 34*, „*Hand-to-hand: Oberkörper und Oberschenkel*"). Obst, Gemüse, Namen oder kurze Sätze passend zur Situation funktionieren am besten. Dann wird der Merktext von allen gesprochen und der Body Percussion-Rhythmus gespielt. Auf Zeichen wird zwischen den Ebenen (Stimme, Body Percussion) gewechselt.

Beispiele (Hand-to-hand, S. 34):

Spielvarianten:

Es werden drei Gruppen (Beispiel 5, 7) oder vier Gruppen (Beispiele 3, 12) gebildet. Der Satz bzw. die Aufzählung von Namen oder Obstsorten werden aufgeteilt. Jede Gruppe spricht nur eine Obstsorte (Beispiel 3) und patscht auf dem entsprechenden Klang. Dann wird wieder zwischen den Ebenen (Sprechen, Patschen) gewechselt. Die Obstsorten laufen nun im Kreis.

■ Kanon

Alle Warm-Up Übungstakte können auch als Kanon gespielt werden. Es werden 2 oder 4 Gruppen gebildet, die um zwei Viertel bzw. ein Viertel versetzt einsetzen. Der Einstieg gelingt hier auch am besten mit Merktexten. Die Rhythmen zuerst im Kanon sprechen und dann spielen! Später die Stimme weglassen.

Snap & Rub Sounds (S. 40): Takt 16

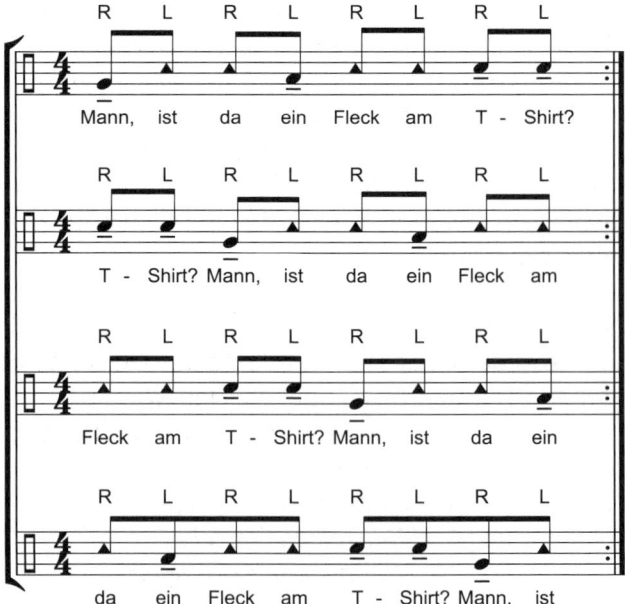

Kapitel 5 >> Body Percussion Group

Kapitel 3: Grooves & Styles (Seite 44ff.)

■ Mehrstimmiges Aufteilen der Rhythmen

Die Rhythmen können auf 3 Gruppen aufgeteilt werden. Je eine Gruppe übernimmt die Parts von Bass Drum, Snare Drum und Hi-Hat. Da ein Drummer in der Regel, z.B. bei Rock-Rhythmen, auf der Hi-Hat Achtelnoten durchspielt, könnte *„Rock Version 3, #2"* von *Seite 47* wie nebenstehend umgesetzt werden:

Rock Version 3 aufgeteilt

Rock mit Sechzehntel Version 1 aufgeteilt

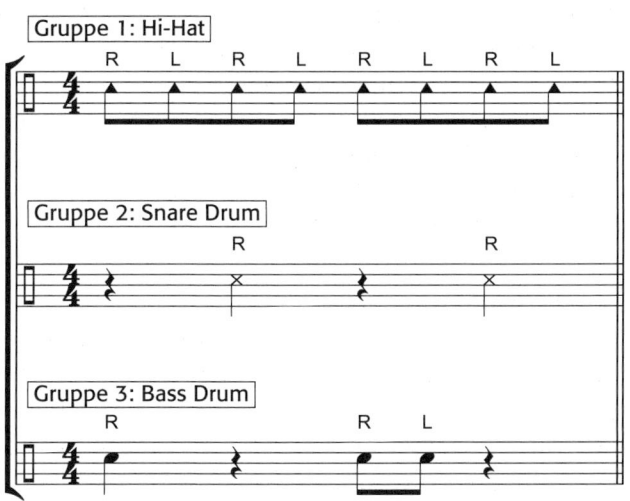

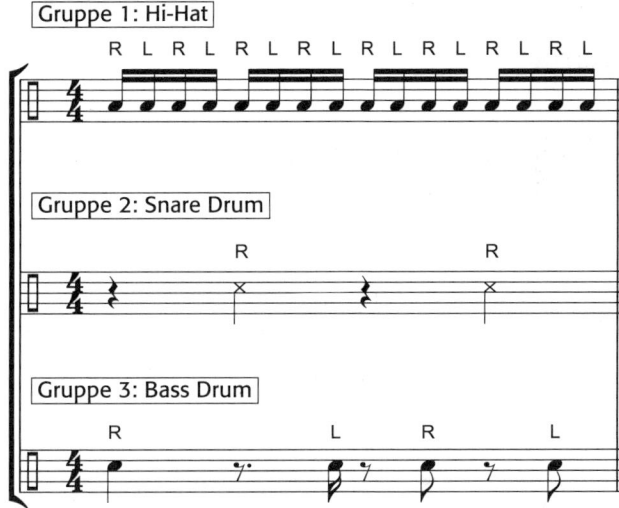

Samba und Baião können ebenfalls auf mehrere Gruppen aufgeteilt werden. Je eine Gruppe übernimmt die Parts von Surdo / Shaker und Agogo Bells. Zusätzlich kann eine Gruppe einen Händereib-Rhythmus spielen. Samba Version 2, #3 von Seite 85 könnte so umgesetzt werden:

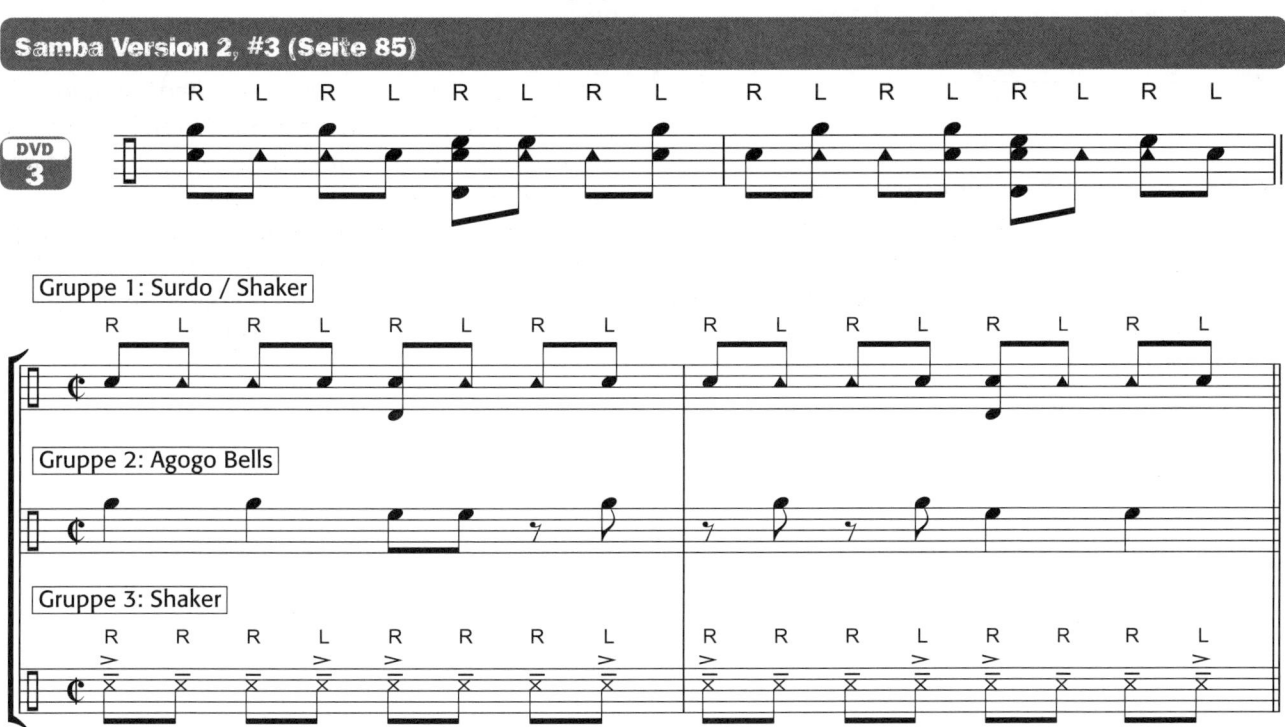

Body Percussion Group

■ Begleitungen gestalten

Rhythmen und Fills werden gemeinsam erarbeitet. Der taktweise Wechsel zwischen Rhythmus und Fill wird trainiert. Dann werden kleine Formen vereinbart, z.B. 3 Takte Rock 1 und 1 Takt Fill 4 (*Seite 52*) „Rock Songbegleitung". Als nächster Schritt wird nach dem Fill zu einem anderen Rock-Rhythmus, z.B. Rock 7 gewechselt.

So können Begleitmodelle entstehen, die am besten in Kurzform an der Tafel notiert werden:

3 x Rock 1, Fill 4, 3 x Rock 7, Fill 16

Spielvariante:

Fills improvisieren: die Gruppe spielt 3 Takte lang und stoppt auf der „1" im 4. Takt. Ein Solist improvisiert im 4. Takt ein Fill.

Beispiel

■ Ganzkörperliches Rhythmustraining

Ein Body Percussion-Rhythmus wird ständig wiederholt z.B. R'n'B / Hip Hop 1, *Seite 68*. Dazu werden verschiedene Rhythmus-Leseübungen, z.B. „Achtel-Workout", *Seite 43* ausgeführt (*vgl. Richard Filz, Rhythm Coach, UE*).

■ Songs und Raps begleiten

Wenn man ein Begleitarrangement zu einem Song gestalten möchte, kann man die notierten Body Percussion-Songbegleitungen (*Kapitel 3*) als Vorbild nehmen. Rhythmen, Variationen, Fills und Stopps sind die wesentlichen Bestandteile. Zuerst muss der Grundrhythmus festgelegt werden. Entweder orientiert man sich am Originalrhythmus des Songs und versucht, diesen als Body Percussion-Rhythmus umzusetzen, oder man wählt einen Rhythmus aus und macht eine eigene Cover-Version. Dann ist wichtig, dass die Form des Songs klar ist. Die meisten Songs folgen dem Schema:

Intro, Strophe, Refrain, Bridge, Strophe, 2x Refrain.

Passende Fills einfügen, vielleicht noch ein Alternativrhythmus für die Bridge und dann – ausprobieren! Eine Gruppe bzw. ein Solist singt oder rappt, und die andere Gruppe begleitet.

Schwieriger ist die Variante Singen und gleichzeitig einen Body Percussion-Rhythmus spielen. Diese Variante ist sicher für Chöre interessant, erfordert aber ein gewisses Maß an Unabhängigkeit!

■ Partnerübungen

Die Rhythmen können als Partnerübungen gespielt werden. Die Paare stehen einander gegenüber. Anstelle der Clap Sounds werden die rechten Hände zusammengeklatscht, z.B. auf der 2 und 4 bei den Rock-Rhythmen von „*Rock Version 3*" Seite 47.

Spielvariante:

Kreisspiel mit Weitergehen:

die Paare bilden gemeinsam einen Doppelkreis, Blick zueinander. Zuerst wird der vereinbarte Body Percussion-Rhythmus mit dem Partner gespielt.

Auf Ansage „*Eins, zwei, wei-ter-ge-hen*" machen alle einen Schritt nach rechts zum nächsten Partner, d. h. der Außenkreis bewegt sich gegen den Uhrzeigersinn und der Innenkreis im Uhrzeigersinn.

Nun kann in jedem Takt zum nächsten Partner gewechselt werden oder erst wieder auf Ansage. Richtungswechsel sind ebenfalls möglich. Spaß bereitet das Ganze mit Musikbegleitung!

Kapitel 5 >> Body Percussion Group

Kap.4: Body Percussion Solos (S.101ff.)

■ **Unisono spielen**
Die Solostücke können von mehreren Musikern gemeinsam gespielt werden. Das kann sehr effektvoll sein, erfordert aber ein gut eingespieltes Team.

■ **Solisten begleiten**
Der Body Percussion-Solist kann mit einer mehrstimmigen, feinen Body Percussion-Begleitung unterstützt werden.

Beispiel (passend zu „Rock Steady", *Seite 102*):

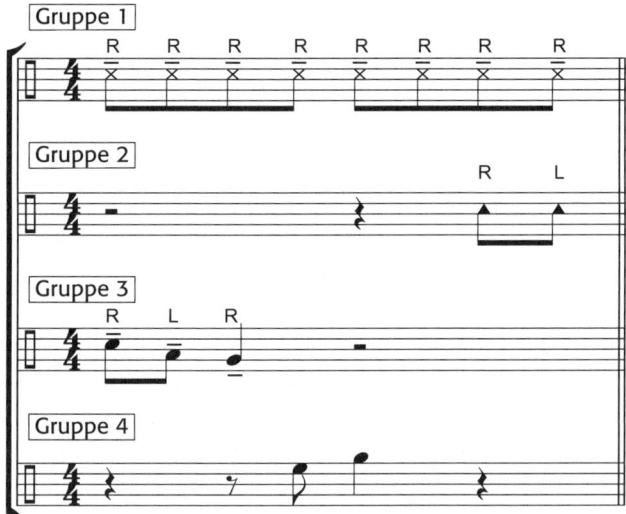

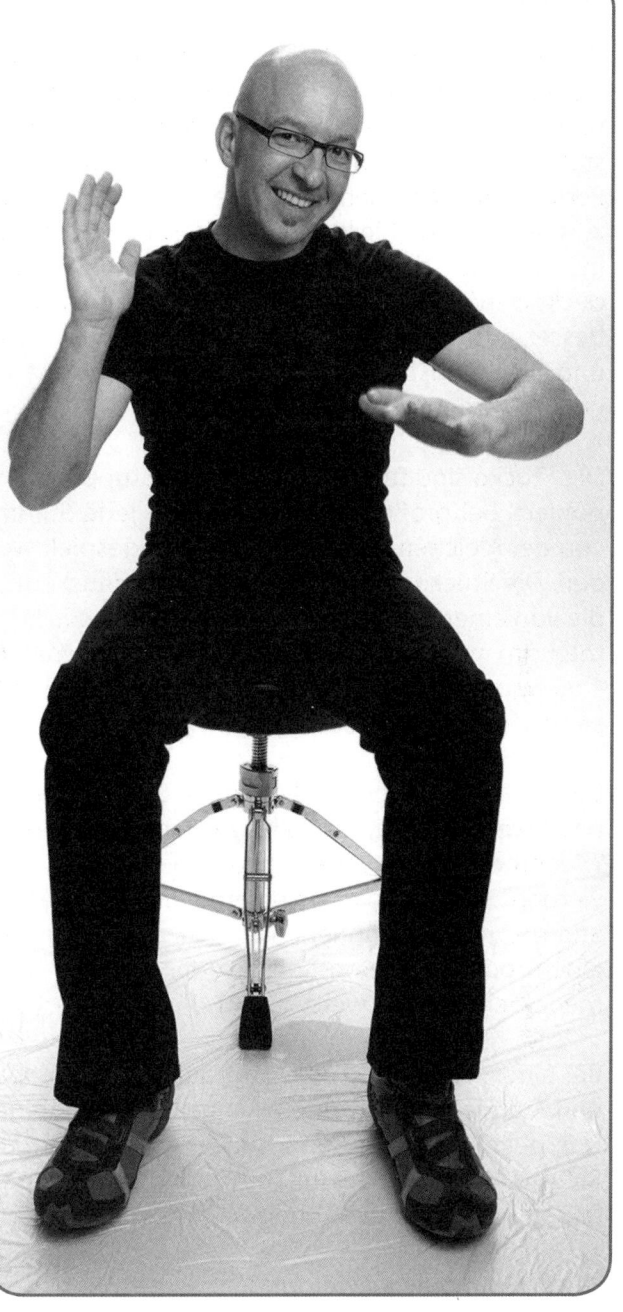

Body Percussion Group

Body Percussion – Ensemblestücke

Diese effektvollen Body Percussion-Ensemblestücke können das Highlight von Vorspielstunden und Konzerten sein. Sie basieren auf den vorgestellten Rhythmen und Fills. Für eine überzeugende Performance empfiehlt sich, die Stücke auswendig zu spielen. Dann bleibt der Blick frei auf die „Körper-Instrumente", die sonst von den Notenpulten verdeckt werden. Außerdem kann die Aufmerksamkeit besser auf Genauigkeit, Zusammenspiel, Dynamik und eine selbstsichere, energetische Performance gelegt werden.

Die Stücke sind für vier Spieler bzw. Gruppen komponiert. Bei größeren Gruppen sollte jede Stimme von der gleichen Anzahl von Spielern gespielt werden. Die Stücke enthalten einige „Rhythmusketten", die von einer Stimme zur nächsten laufen. Sie kommen am wirkungsvollsten zur Geltung, wenn die 1. Gruppe aus der Sicht des Publikums ganz links steht, daneben die 2. Gruppe usw.

Die Abläufe können an die eigene Situation angepasst werden. Teile, die zu kurz erscheinen, können wiederholt und Solopassagen beliebig verlängert werden. Die Soloparts sind immer in der ersten Stimme notiert, können natürlich aber auch von einem oder mehreren Spielern der anderen Stimmen übernommen werden.

Bei einer Aufführung soll Wert auf Dynamik, Spaß und Freude gelegt werden. Kleine Choreographien (z.B. bei den Stampf-Sounds kleine Schritte auf die Seite, nach vorne oder im Kreis) erhöhen den Spaßfaktor und den Unterhaltungswert für das Publikum.

Gutes Gelingen und viel Spaß!

Übetipps „Rock 4"

„Rock 4" basiert auf den Rock-Rhythmen Seite 47ff. (Rock Version 3). Die kräftigen Rhythmen werden immer wieder von „Rhythmusketten" und Unisonopassagen unterbrochen, die sehr präzise gespielt und vorher separat trainiert werden müssen (eventuell mit einem Metronom üben). Im 8. Takt gibt es einen kleinen Vorschlag für eine Choreographie, der mit Humor umgesetzt werden sollte. Der Solo-Teil bietet sich für mehrere Solisten an.

Übetipps „Get Funky!"

„Get Funky!" beginnt sehr leise. Damit die feinen Parts ineinander greifen, muss gut aufeinander gehört werden. Richtig los geht es im B-Teil. Im ruhigen C-Teil ist auf eine gute Klangbalance zu achten. Die Vokal-Einlagen sollen laut und mit Überzeugung gerufen werden! Der Solo-Teil bietet sich auch für eine Publikumsinteraktion (Call & Response) an. Der Solist spielt (klatscht) Takte vor und animiert das Publikum zum Mit- und Nachmachen. Die Takte können immer verrückter werden.

Übetipps „The Brazilian Job!"

Ein traditionelles Samba/Reggae-Arrangement ist das Vorbild für den „brasilianischen Auftrag". Der typische Timba-Rhythmus der 3. Stimme wird mit der Up-Down Technik gespielt. Vorübungen sind auf Seite 110 zu finden. Im C-Teil gibt es eine kleine Melodie, die mit Fantasiesilben gesungen oder gepfiffen werden kann. Sie könnte von allen beim choreographierten Auf- oder Abgang gepfiffen werden. Der Solopart kann wieder unter mehreren Solisten aufgeteilt werden.

Kapitel 5 >> Body Percussion Group

In *„The Brazilian Job"* kommen zwei neue Body Percussion-Sounds zur Anwendung, die hier noch vorgestellt werden.

📀 Mundklatschen

Presst man beide Hände aneinander, entsteht zwischen, bzw. vor den Daumen eine kleine Öffnung (*vgl. Fotos*). Beim Mundklatschen werden die Hände vor dem Mund so positioniert, dass sich diese Öffnung genau vor dem Mund befindet. Wird nun mit den Händen geklatscht, entsteht ein Luftstrom, der im Mundraum einen Ton erzeugt. Durch Verändern der Mundform kann der Ton variiert werden.

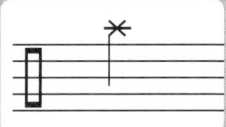

Mundklatschen (Seitenansicht) *Mundklatschen (Vorderansicht)* *Kleine Öffnung*

📀 Sternklatschen

Im Gegensatz zum Mundklatschen werden beim Sternklatschen die Finger möglichst weit gespreizt und die ganze Hand gespannt. Beim Klatschen werden die Handteller genau aufeinander geschlagen. Trifft man die richtige Stelle, entsteht ein heller, schnalzender Klang.

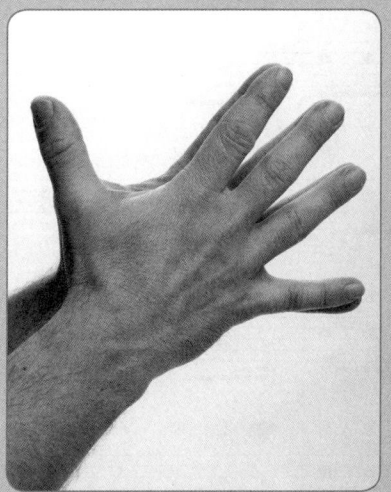

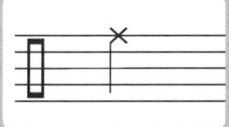

Die Finger weit spreizen.

Body Percussion Group

'Rock 4'

♩ = 100 - 110 bpm

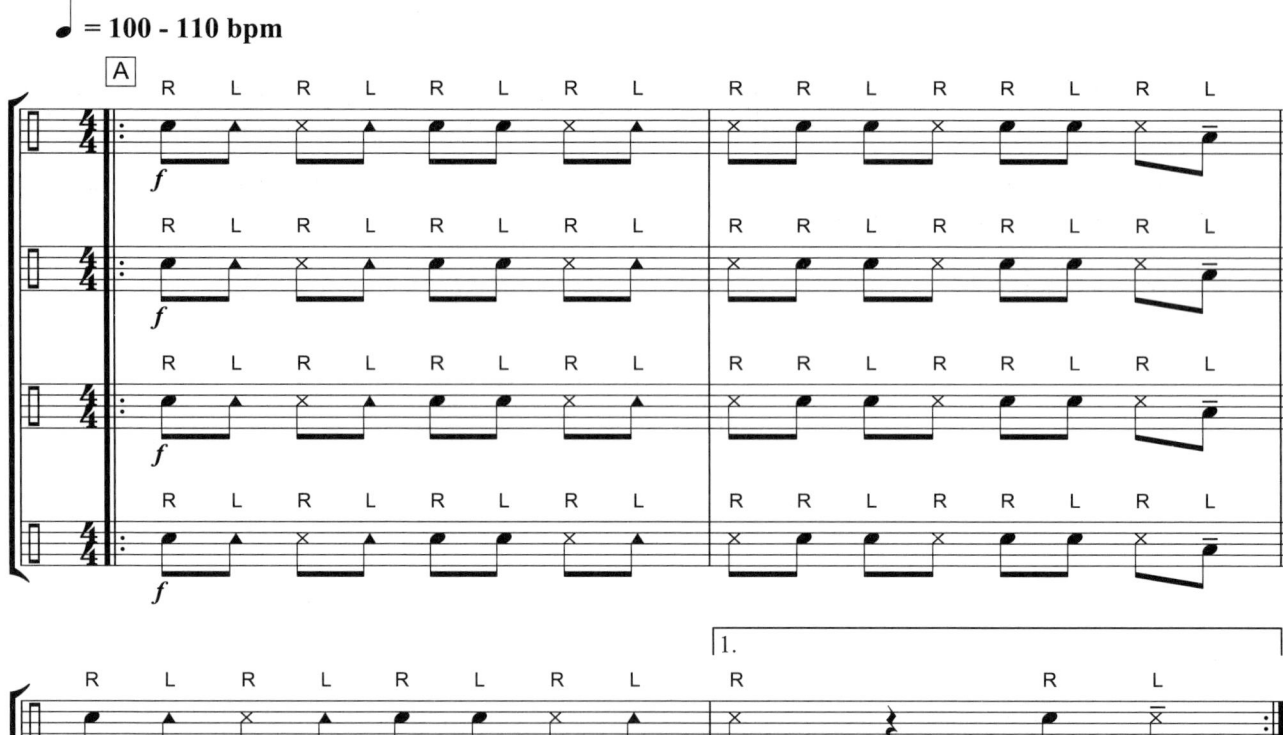

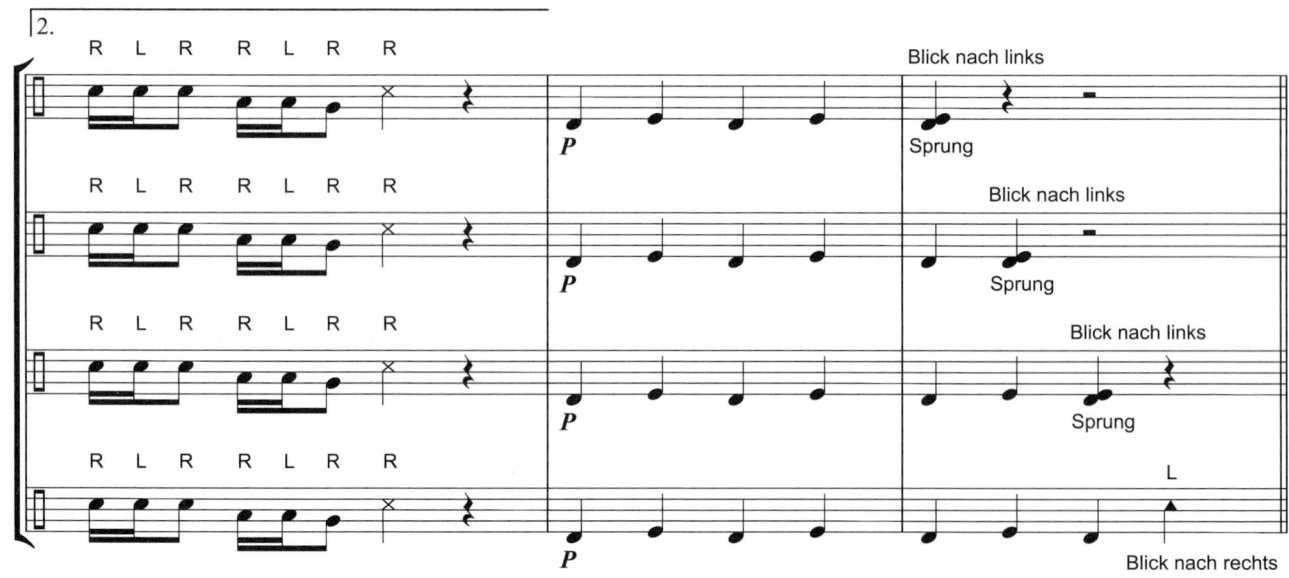

© Copyright 2011 by Alfred Music Publishing GmbH, Germany

Kapitel 5 >> Body Percussion Group

Richard Filz

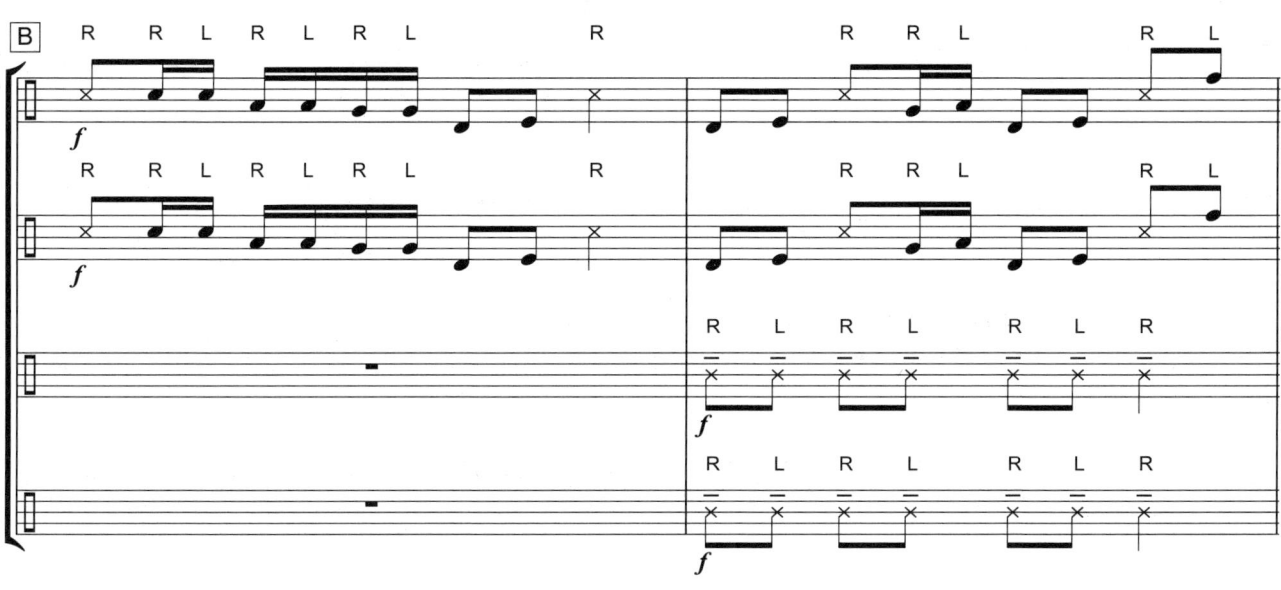
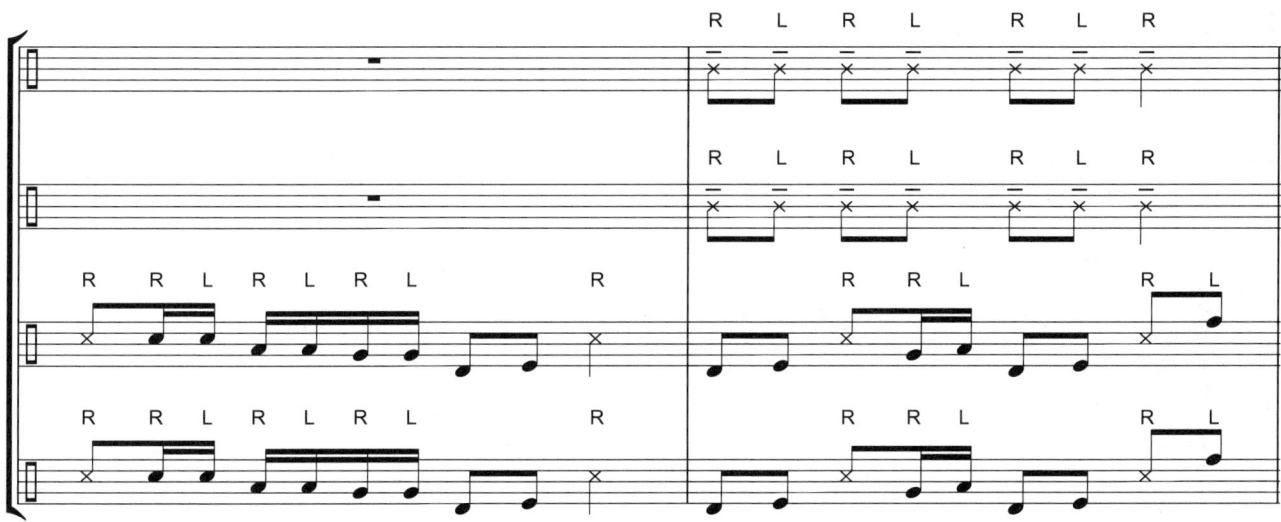
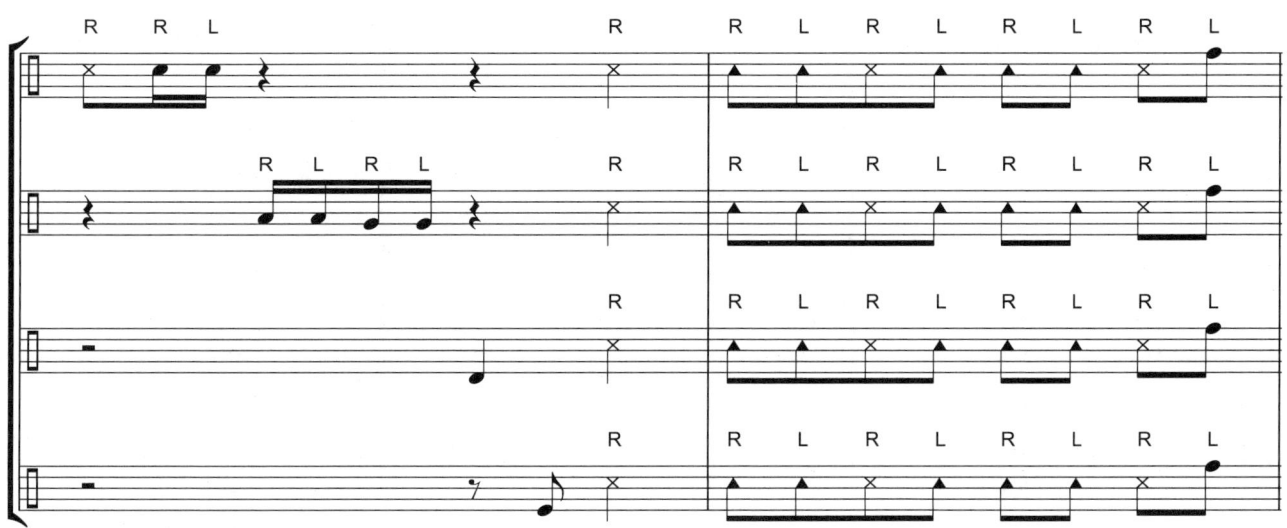

Body Percussion Group

'Rock 4' (Forts.)

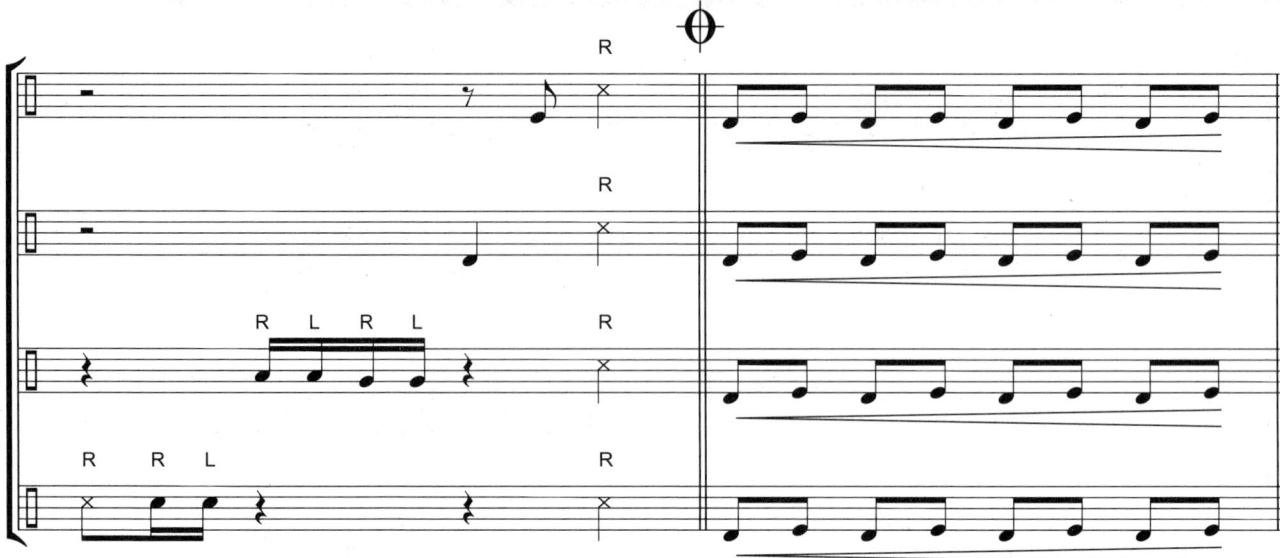

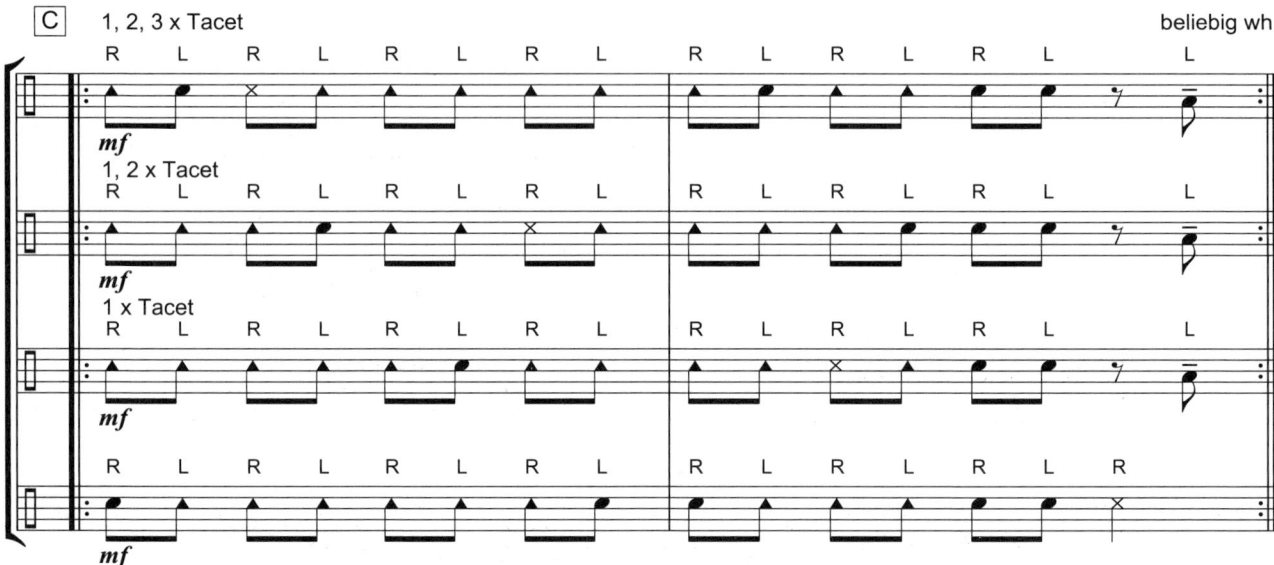

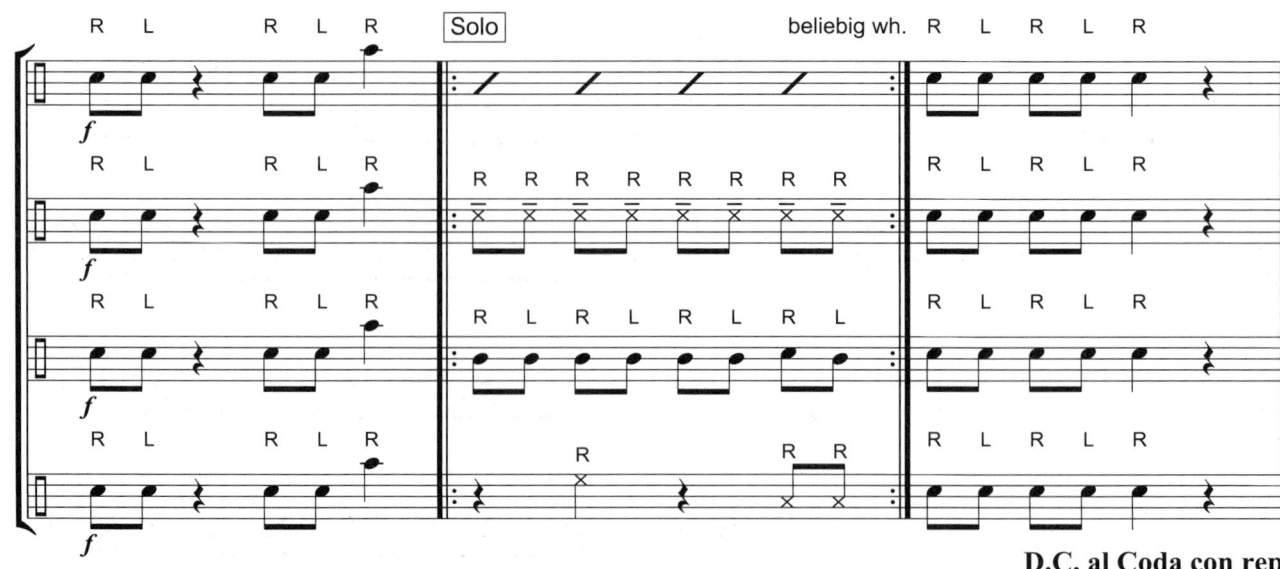

D.C. al Coda con rep.

Kapitel 5 >> Body Percussion Group

Richard Filz

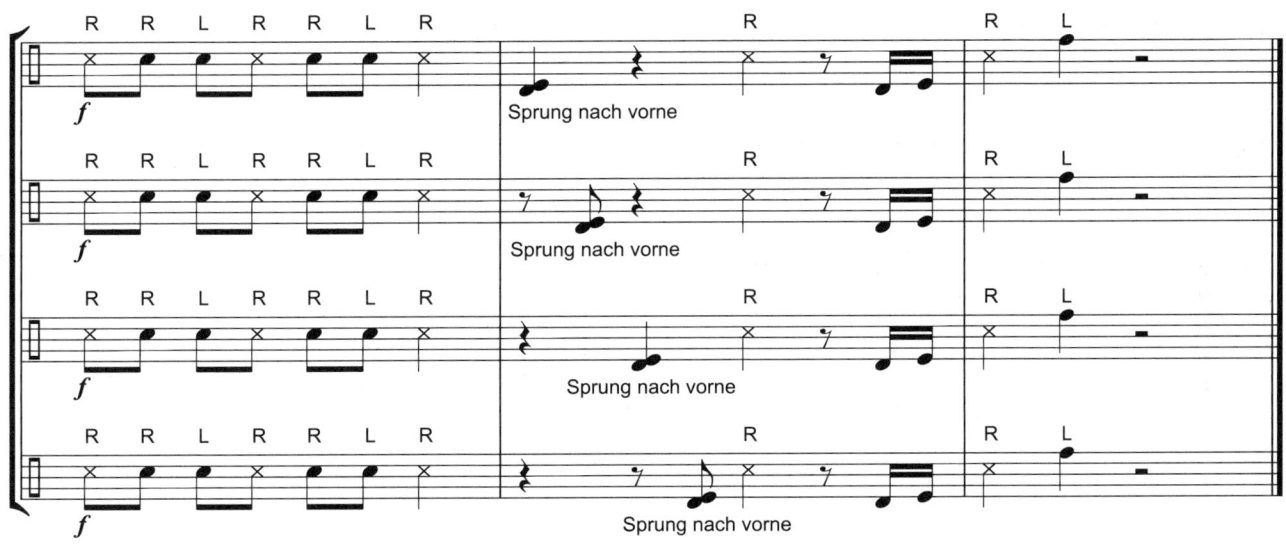

Body Percussion Group

'Get Funky!'

♩ = 100 - 115 bpm

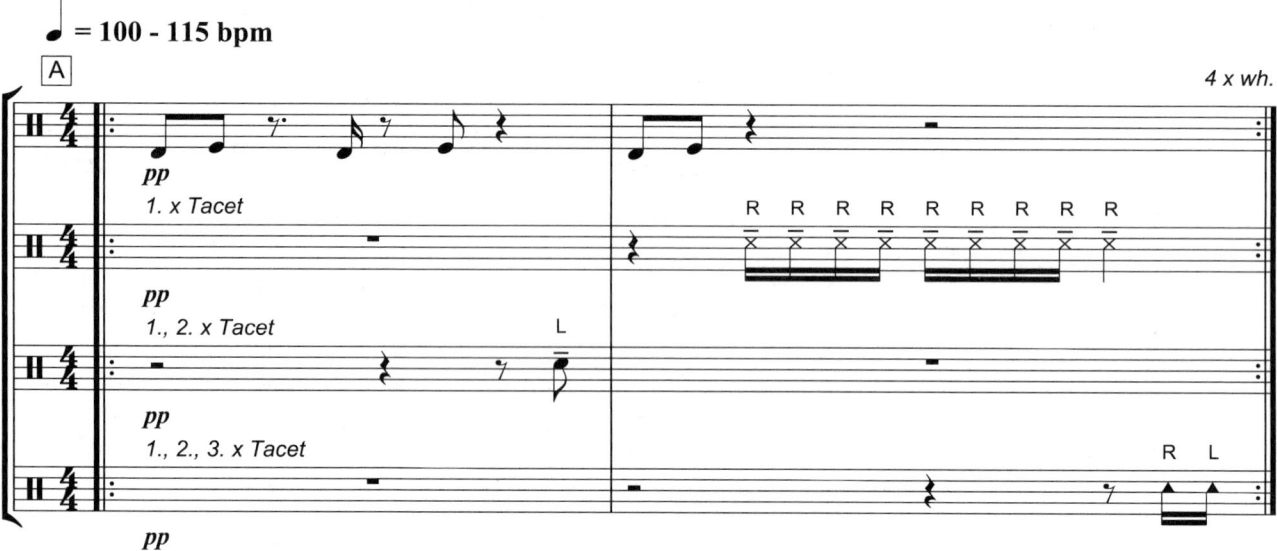

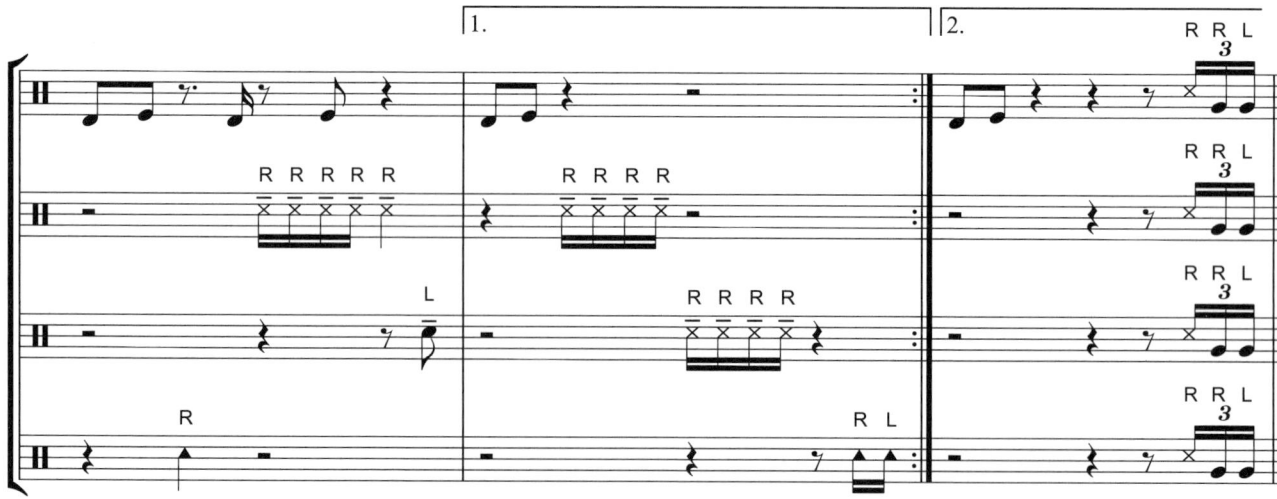

© Copyright 2011 by Alfred Music Publishing GmbH, Germany

Kapitel 5 >> Body Percussion Group

Richard Filz

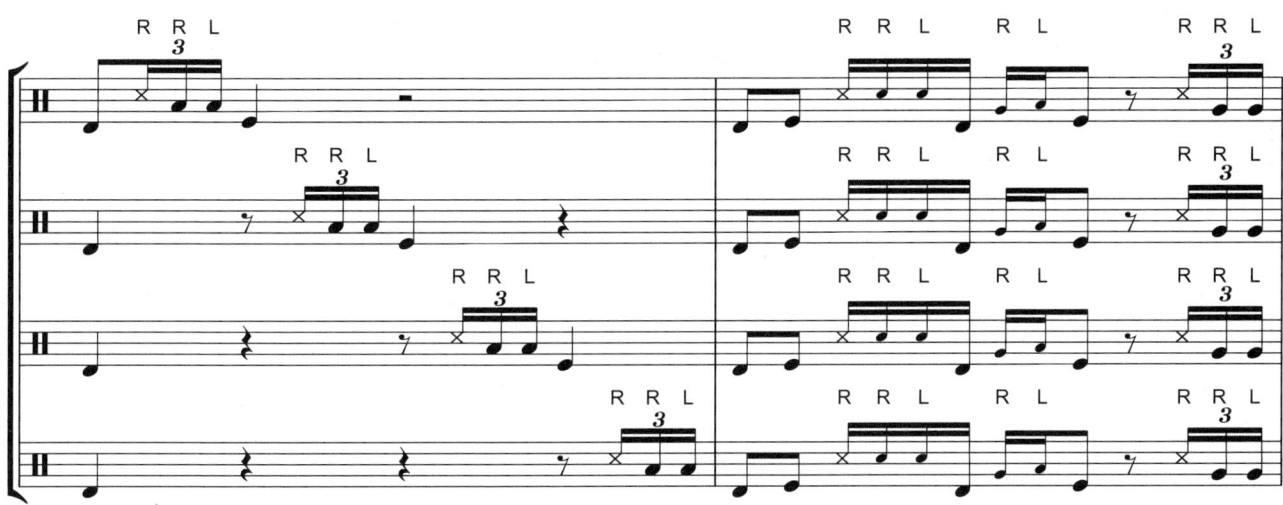
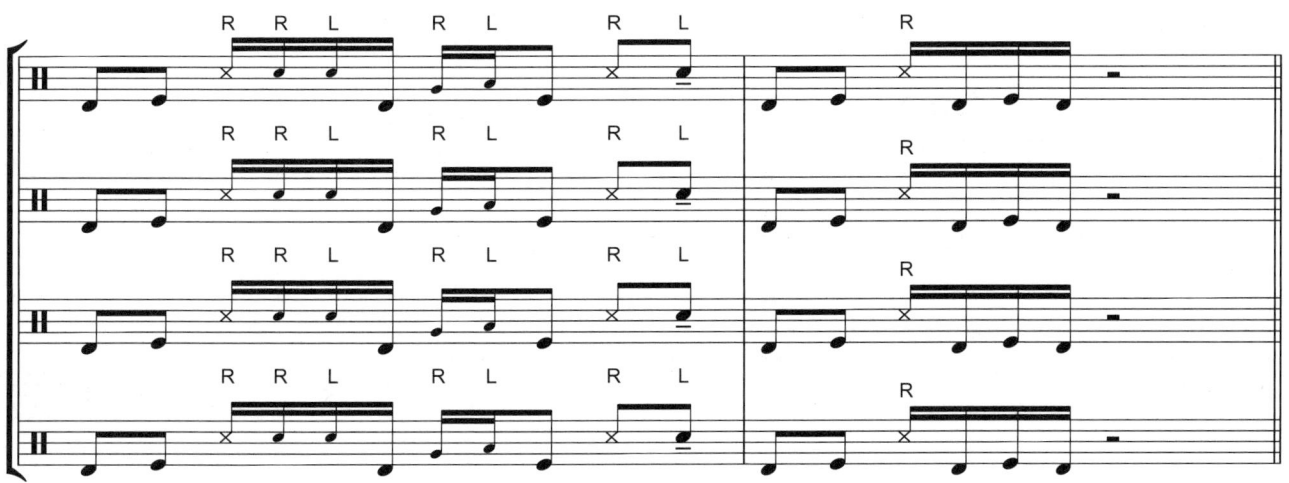

Body Percussion Group

'Get Funky!' (Forte)

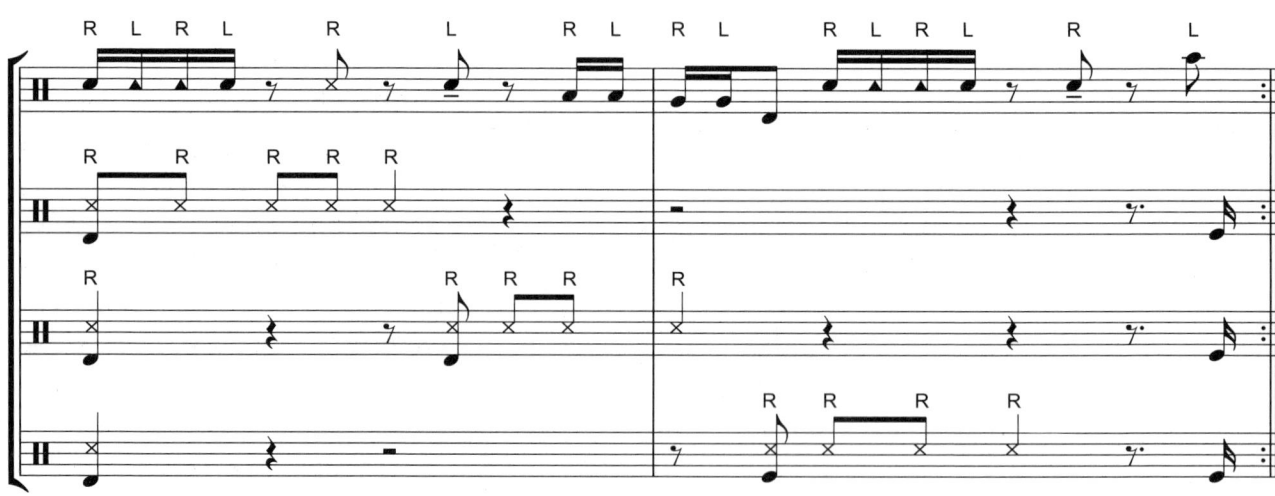
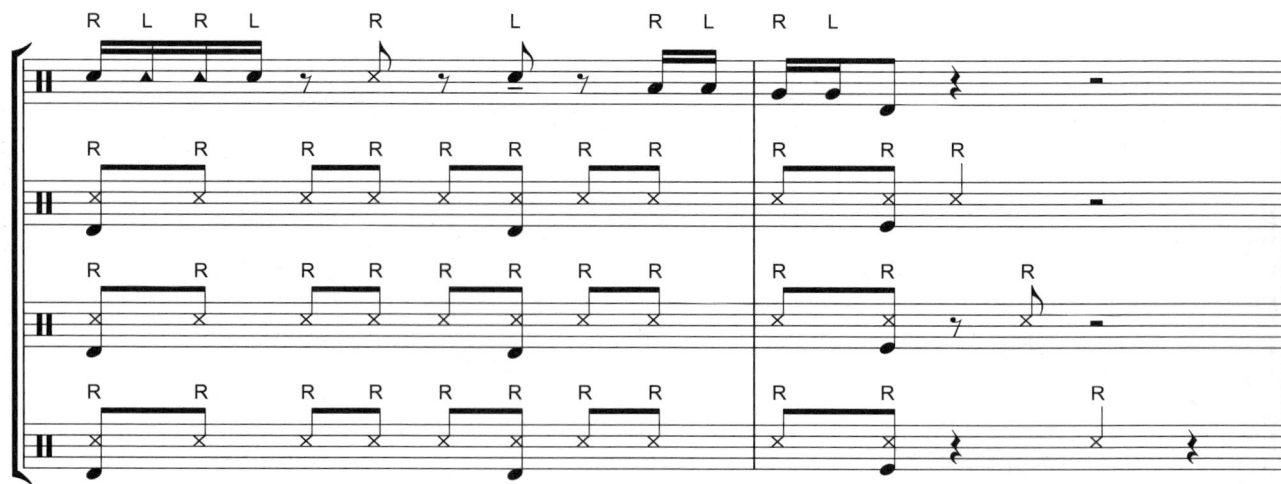

Kapitel 5 >> Body Percussion Group

Richard Filz

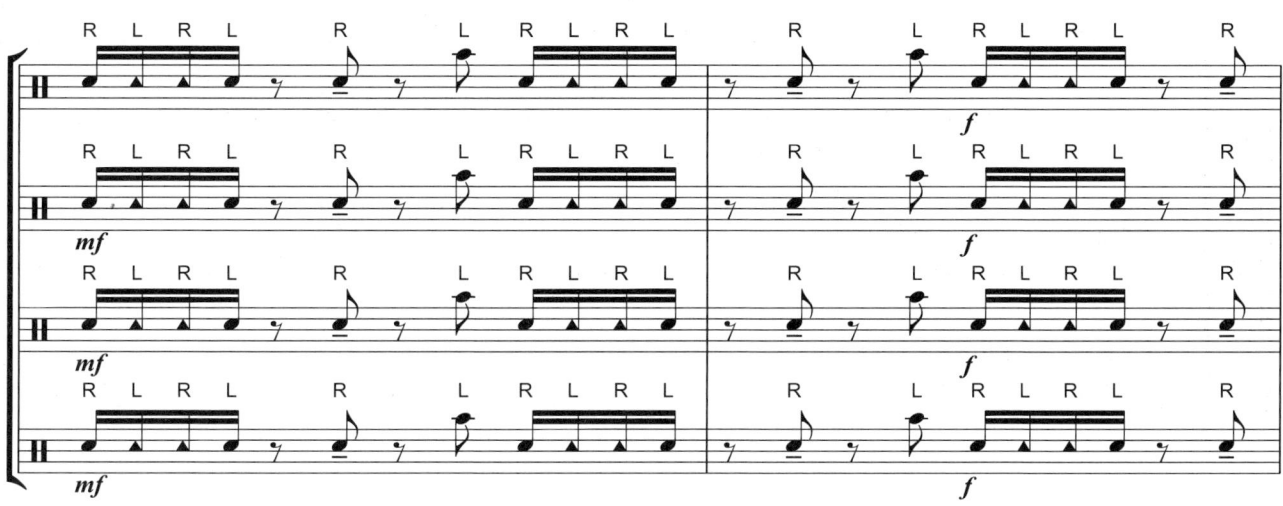
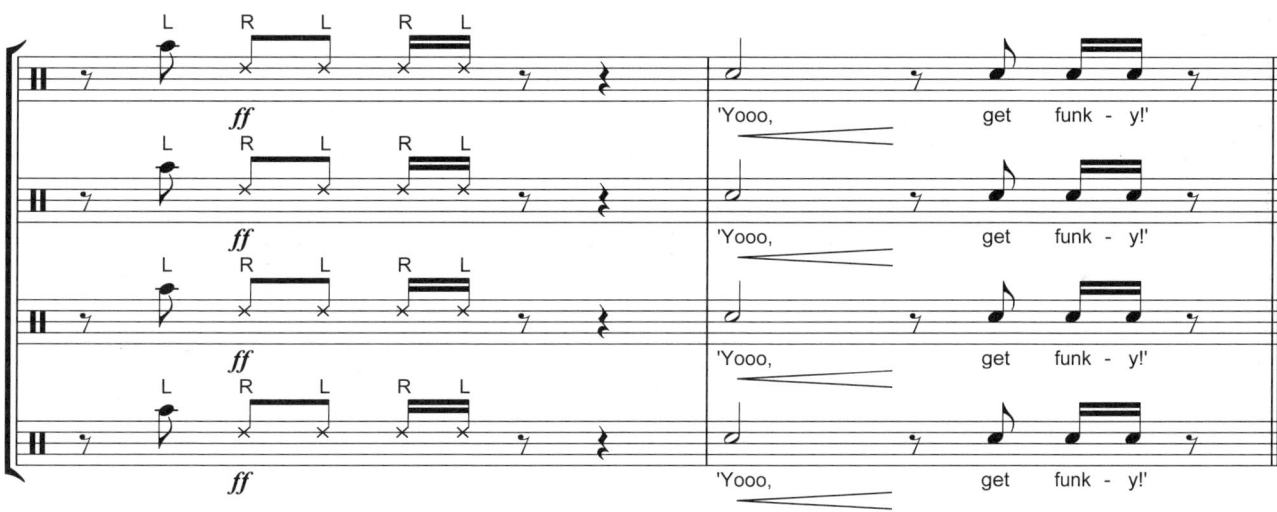
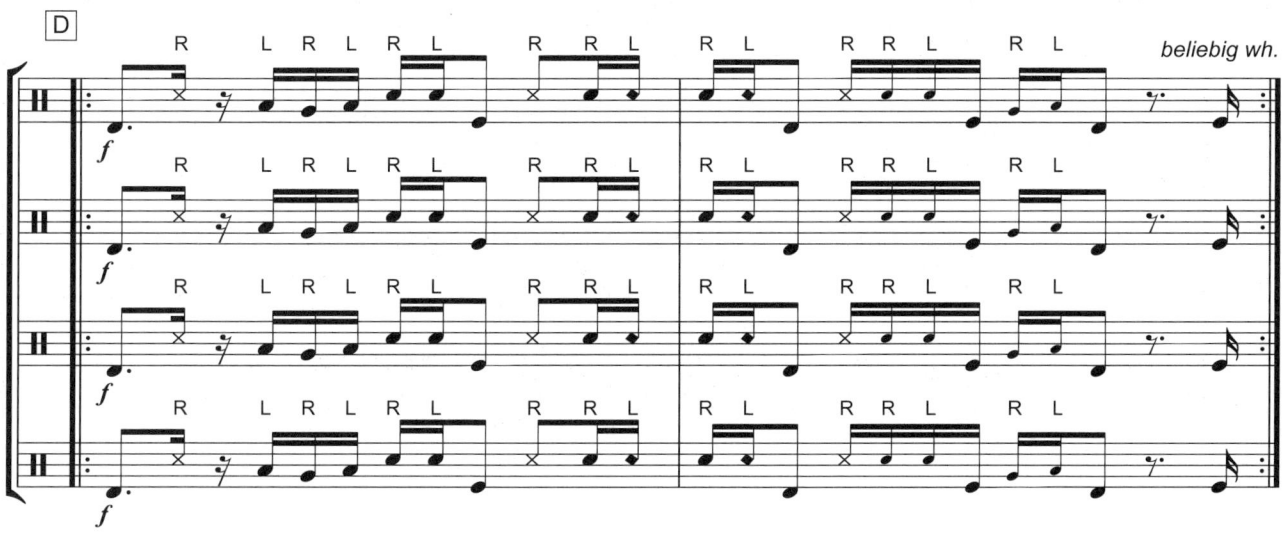

Body Percussion Group

'Get Funky!' (Forts.)

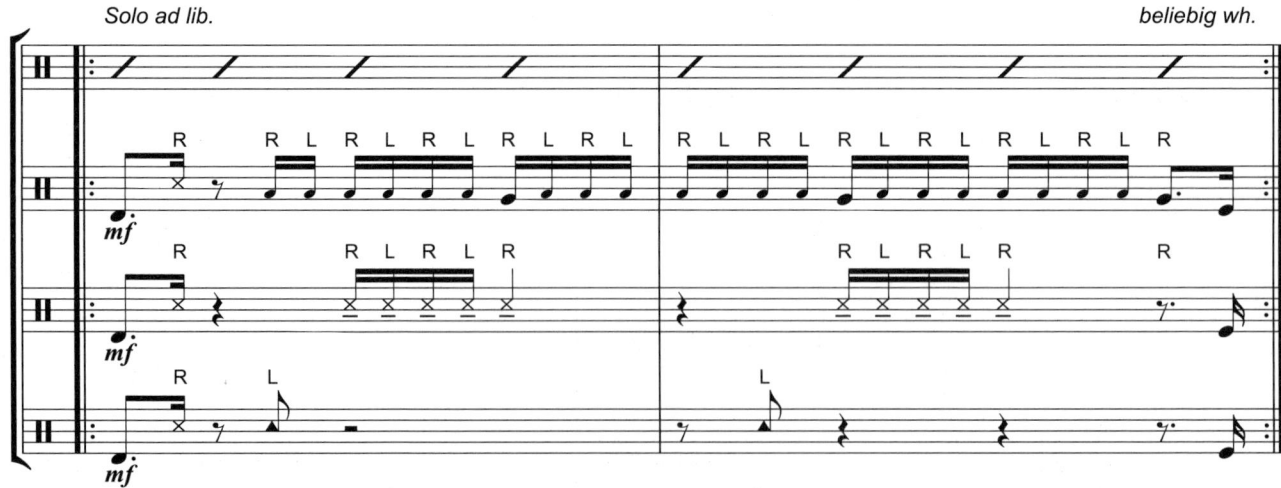
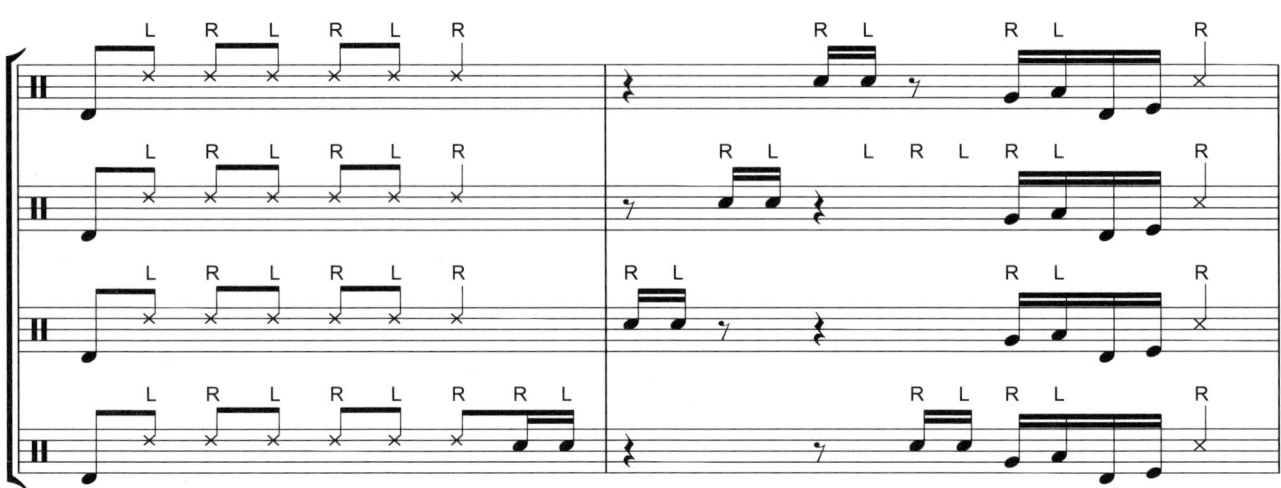
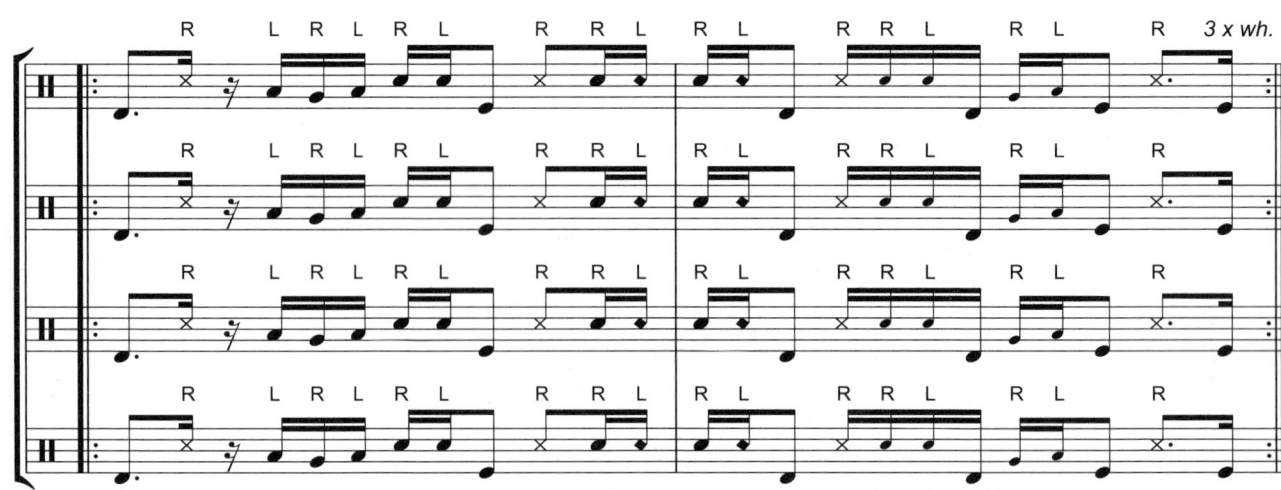

Kapitel 5 >> Body Percussion Group

Richard Filz

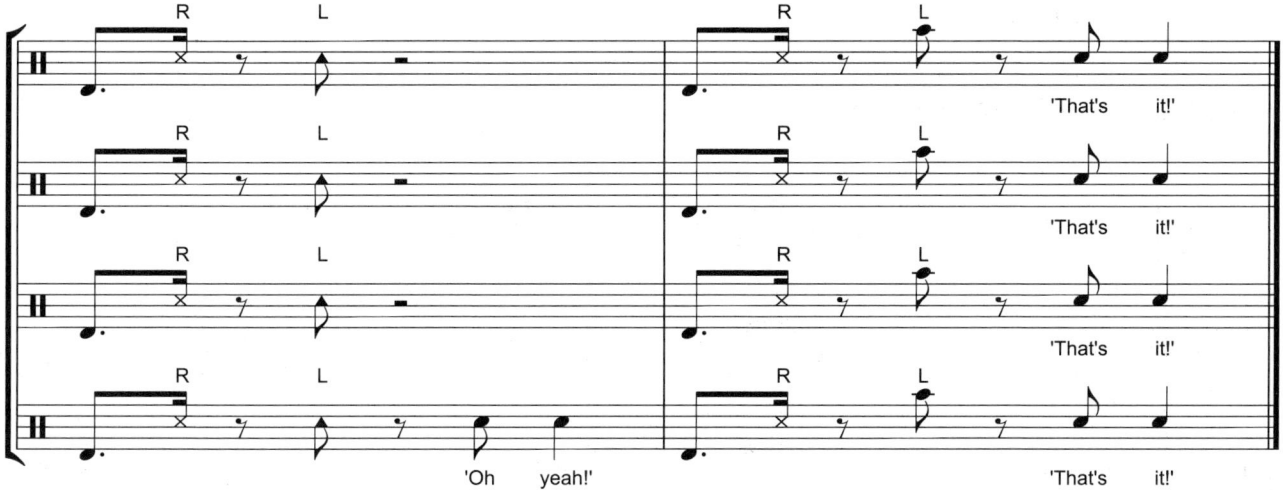

Body Percussion Group

'The Brazilian Job'

♩ = 100 - 110 bpm

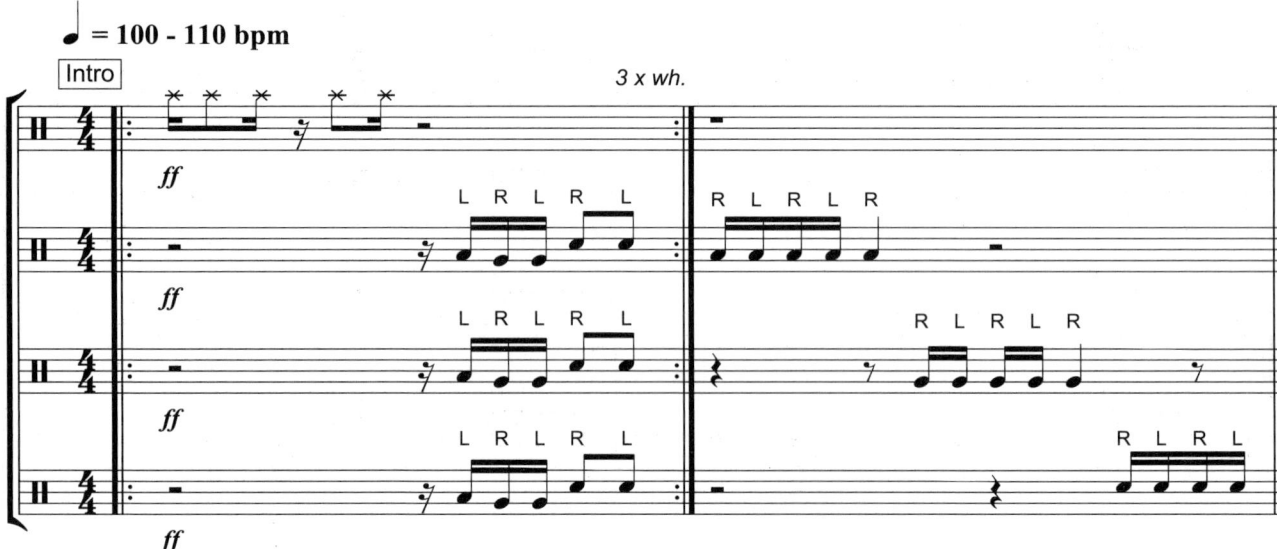

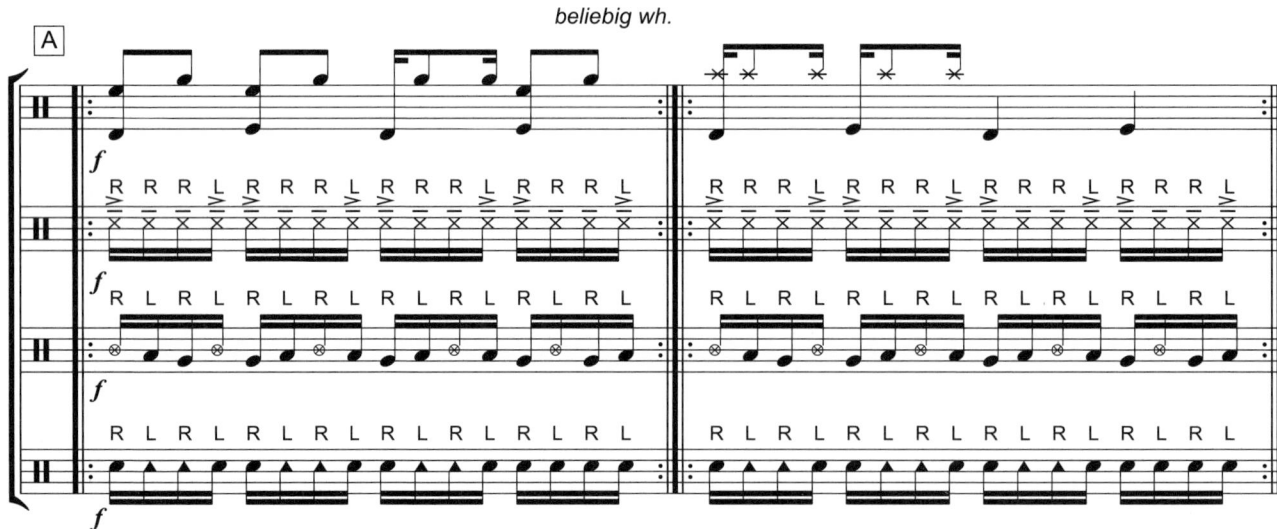

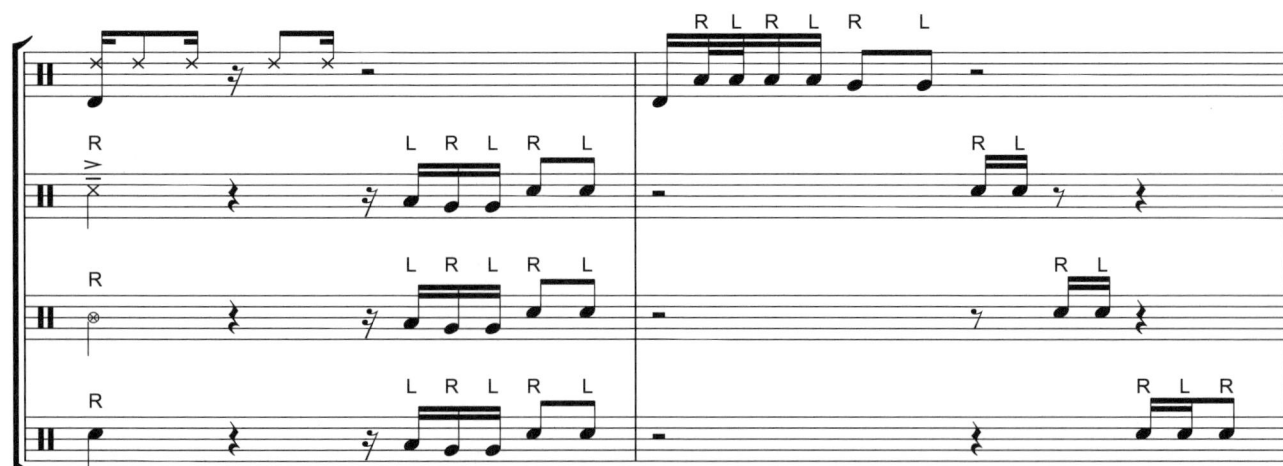

© Copyright 2011 by Alfred Music Publishing GmbH, Germany

Kapitel 5 >> Body Percussion Group

Richard Filz

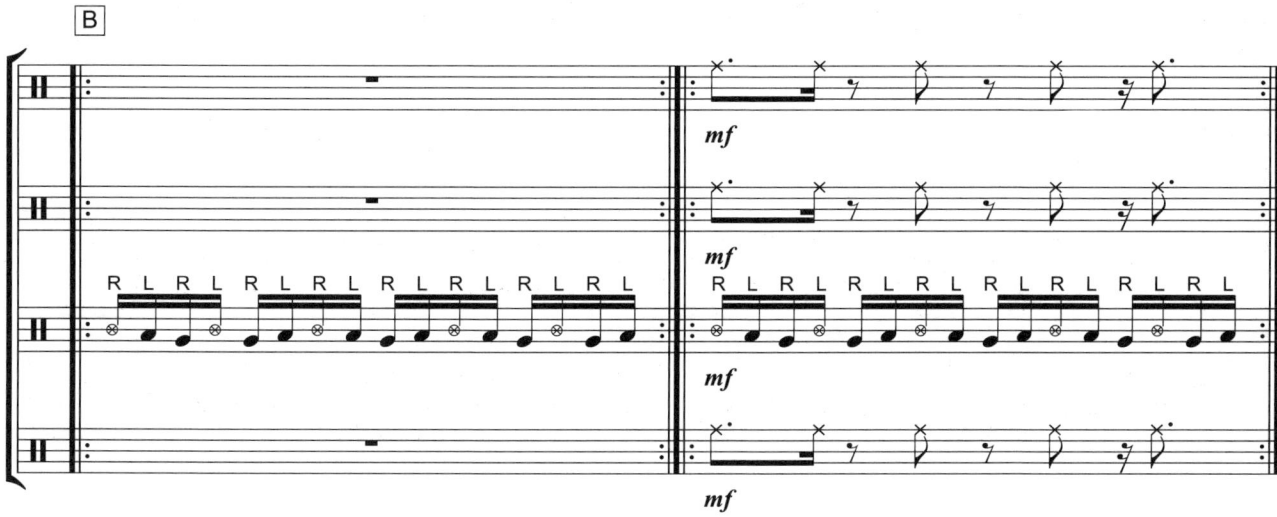

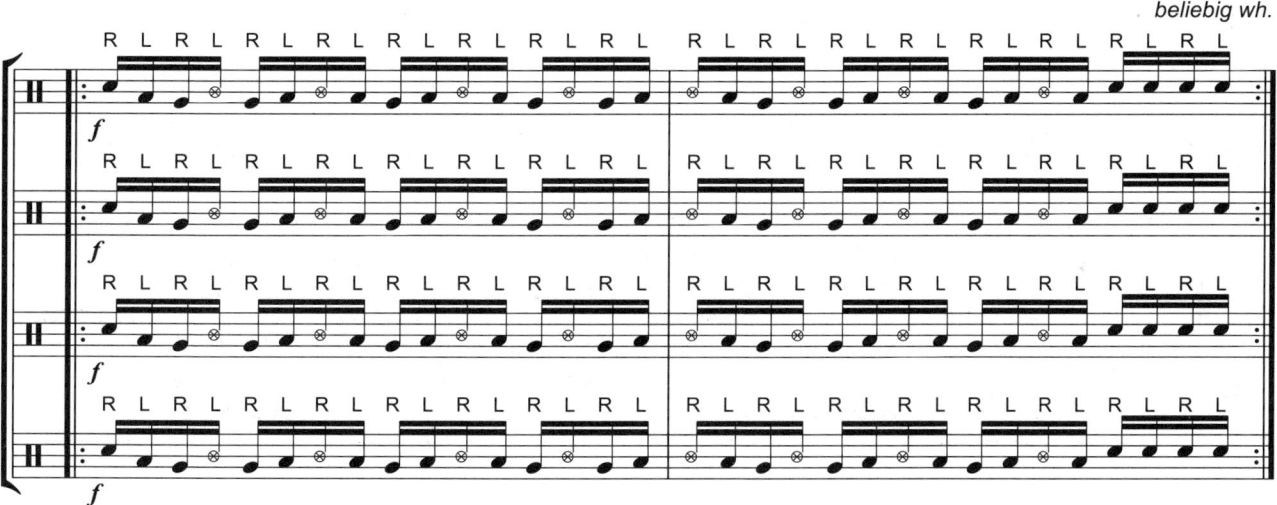

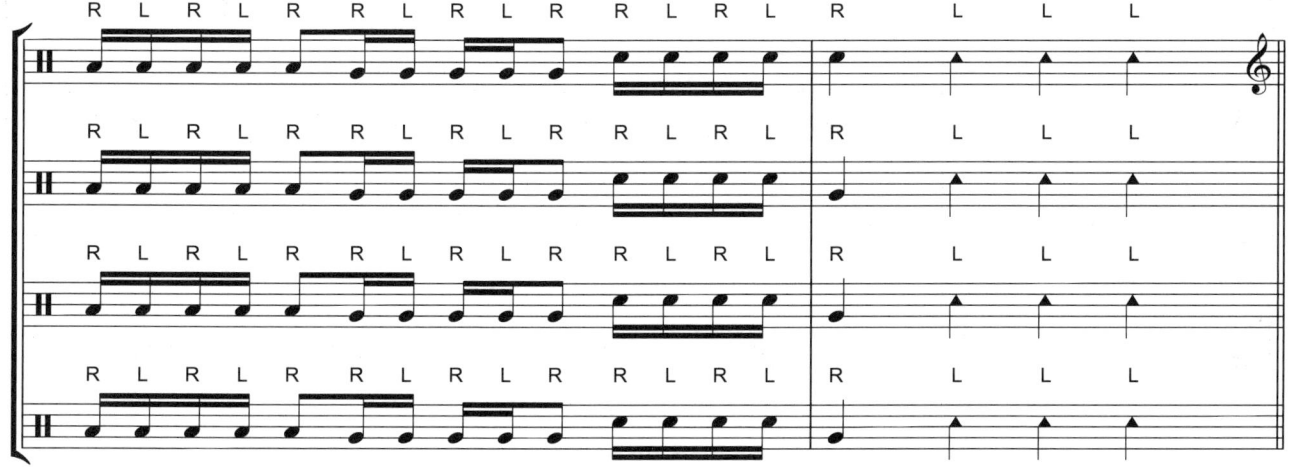

Body Percussion Group

'The Brazilian Job' (Forts.)

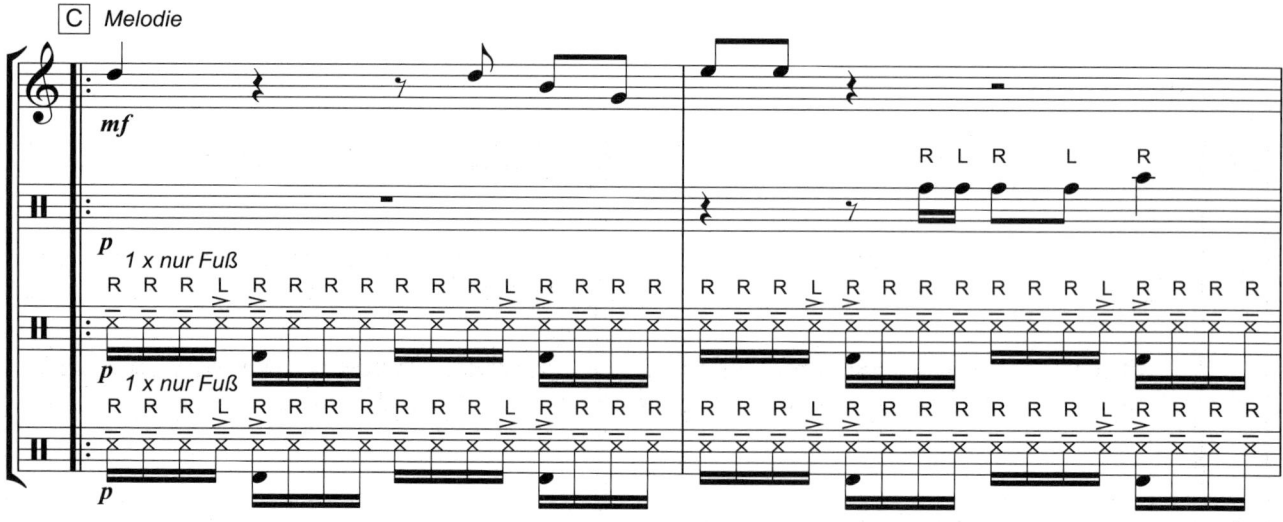
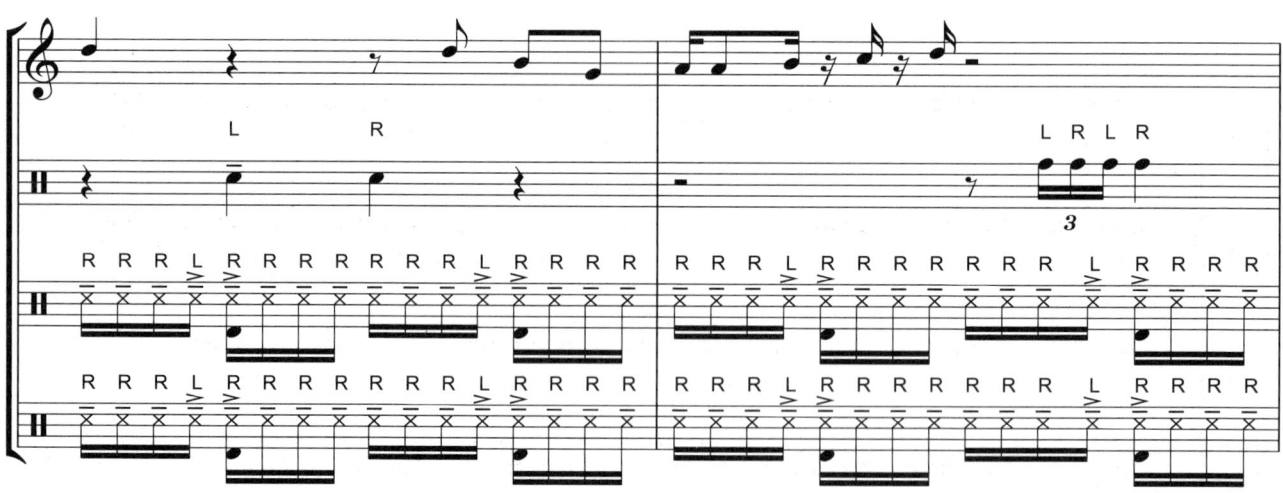

Kapitel 5 >> Body Percussion Group

Richard Filz

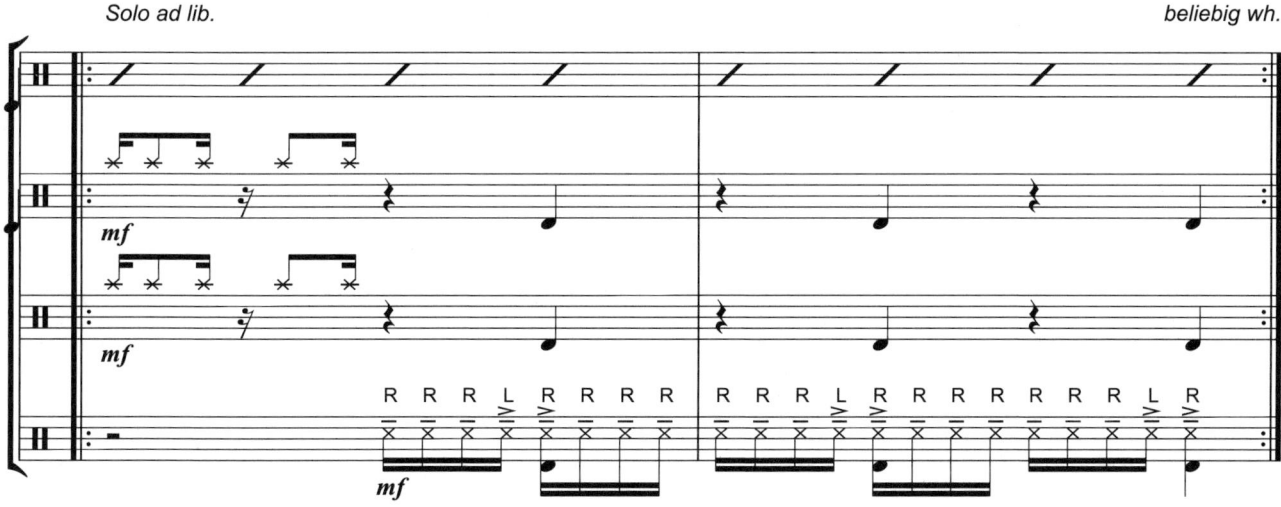
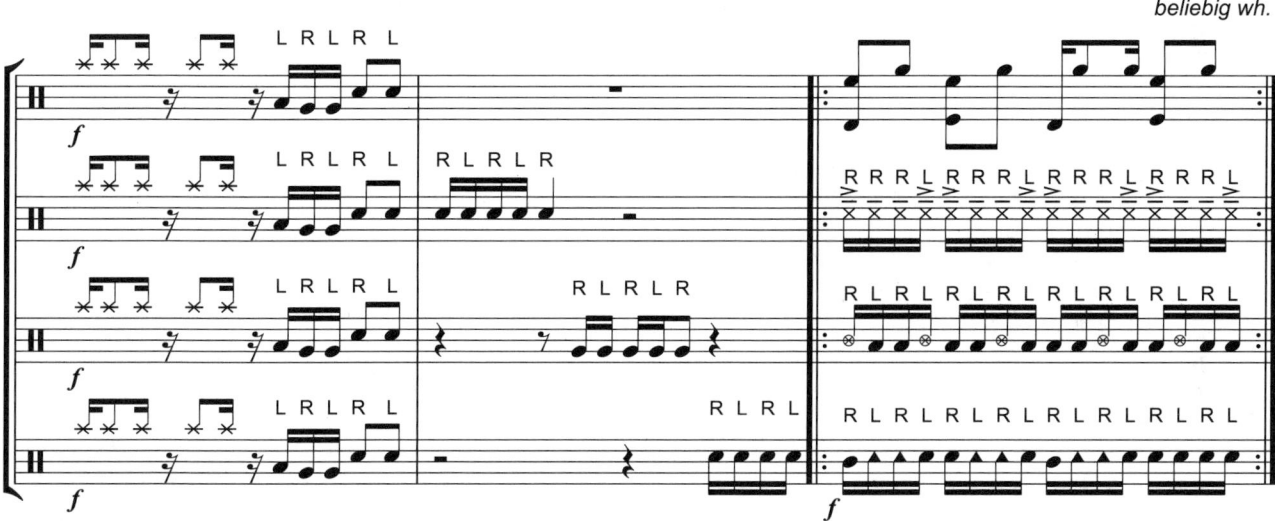

Body Percussion • Sounds & Rhythms

Buchempfehlung

Wie leite ich einen Drum Circle?

Kalanis pädagogischer Drum Circle-Music™-Ansatz macht es leicht, Gruppen jeder Art effektiv und effizient zu leiten. Sein Konzept ist vielseitig einsetzbar, von pädagogischen Spielen für Kinder bis zu Teamentwicklungsaktivitäten für Unternehmer und Therapien für behinderte Menschen. Mit DVD!
Buch/DVD ISBN 13: 978-3-933136-44-2